手錠腰縄による被疑者・被告人の拘束
人権保障の視点から考える

山下 潔

現代人文社

◎はじめに

　私は1963（昭和38）年司法試験に合格した後、1966（昭和41）年に大阪弁護士会に入会し、弁護士となった。修習生のとき、たいへんショックを受けたことがある。

　大阪地方検察庁で行われた検察修習において年老いた女性が電気洗濯機の横領で被疑者として手錠腰縄姿で修習生である私の目の前に座った。私はこれは「むごい」と直感した。年老いて逃亡の恐れもない女性に対して両手が施錠されて現れたからである。人間に対するこのむごい人身拘束をどう理解したらよいか困惑した。

　当時、私は検察官ではなかったので、被疑者に対して手錠腰縄をはずせと指示することはできなかった。私は被疑者に対して心をやわらげてもらえるよう、やさしい取調べに終始した。

　私はショックを受けて、つまるところ手錠腰縄によって拘束することは、この年老いた女性に対する基本的人権の侵害の最たるものではないかと考えた。これがこの著書の原点であり、出発点であった。この年老いた女性の手錠腰縄の人身拘束の問題から半世紀以上経過した。その間に、第1に「検察官室における手錠腰縄の取調べ」と題する論文を執筆し（「おわりに」参照）、第2に病院廊下における被告人（被疑者）に対する手錠腰縄の人身拘束の判決（第6章）、第3に法廷における被告人に対する手錠腰縄の人身拘束の判決を獲得することができた。大阪地裁2019（令和元）年5月29日大須賀裁判長の判決において、憲法13条の個人の尊厳規定について人格権（人格的利益）の侵害が認められ、一審で確定した（第14章）。

　この法廷における手錠腰縄の人身拘束は、人間に対する手錠腰縄問題において最後に横たわっている問題であり、戦前戦後を通じて学際間におけ

る谷間の問題でもある。そして、まぎれもなく人間の個人の尊厳に直接かかわりあうとともに、世界における無罪の推定の法理の支配により日本の法廷における手錠腰縄の人身拘束が廃止の潮流にあることを銘記すべきである。本書は、最高裁判所を頂点とする全国の職業裁判官が、被疑者・被告人の手錠腰縄の姿を法廷で見ても「有罪の心証を持たない」というドグマに対する刑事訴訟法、国際人権法、憲法的見地からの批判の書でもある。

　また、弁護士は「基本的人権を擁護し、社会正義を実現することを使命とする」（弁護士法1条）に拘束されている。手錠腰縄の人身拘束について、弁護士は「人間の尊厳の確保」のために憲法13条の内容を究めていく活動に理解が不足していることの批判を甘受しなければならない。

　この著書はこのために書かれていることに尽きる。

　なお、本書では法律の条文等は「捕縄」であるが、すべて「腰縄」としたことをおことわりしておきたい。

　2024年7月

山下　潔

手錠腰縄による被疑者・被告人の拘束
——人権保障の視点から考える

目次

はじめに ……………………… ii

第1章
手錠腰縄による人身拘束の
日本の文化的な土壌…………………… 2
1. はじめに ………………………… 2
2.「戒具」は、古くから犯罪人のために用いられた ……………………… 2
3. 監獄法が制定されて戒具の使用が全国的に統一を見た ……………………… 6
4. 犯罪人は「市中引回し」というイメージの残存 ……………………… 7

第2章
大日本帝国憲法下における手錠腰縄の規定…………8
1. はじめに ………………………… 8
2. 2つの規定 ……………………… 9
3. 手錠腰縄規定は日本国憲法の制定後も監獄法で継続 ………… 12

第3章
日本国憲法下における手錠腰縄の規定………………14
1. はじめに ………………………… 14
2. 手錠腰縄に関連する3つの規定 ……………………… 15
3. 法廷における被告人の身体不拘束の原則 (刑訴法 287 条) ………………17
4. 刑務官の護送による手錠腰縄の使用 (刑事収容施設法 78 条) ……………19
5. 日本の裁判官の「ドグマ」というべき欠陥 ……………………… 20

第4章
留置場から法廷にまで及ぶ手錠腰縄の人身拘束の実態
——逮捕から控訴審の判決まで……………………22

1. はじめに ………………………… 22
2. 代用監獄はどんなところなのか ………………………… 23
3. 死刑再審4事件のケース ………………………… 24
4. 逮捕から留置場に収容されるまでの戒具の使用 ………………………… 26
5. 留置場内における手錠腰縄の使用 ………………………… 27
6. 留置場から取調べを受け房に帰るまでの戒具の使用 ………………………… 27
7. 被疑者が監外に出て裁判所の法廷に向かうまでの戒具の使用 ………… 29
8. 手錠腰縄の入廷は「適正な公開裁判」といえるか ………………………… 29
9. なぜ日本国憲法制定後、法廷における手錠腰縄が問題にならなかったのか 30
10. 裁判官は逮捕から判決までの戒具使用の実態を理解しようと努力したことがあるか ………………………… 31

第5章
公道における
「市中引回し」での戒具の使用と人権侵害
——大阪弁護士会人権擁護委員会の人権侵害「警告」等と
京都地裁・白井万久裁判官の法廷訴訟指揮……………32

1. はじめに ………………………… 32
2. 大阪弁護士会人権擁護委員会の人権侵害申立事件（その1）——大阪地方裁判所所長に対する要望書 ………………………… 32
3. 大阪弁護士会人権擁護委員会の人権侵害申立事件（その2）——大阪府警本部・豊中警察署・豊中区検察庁に対する警告書 ………………………… 34
4. 白井万久裁判長の訴訟指揮と最高裁判所・法務省通知等 ………………………… 36

v

第6章
病院廊下を手錠腰縄のまま連行された人権侵害
——人間の誇り・人間らしく生きる権利を認める判決……40

1. はじめに ……………… 40
2. 問題の所在 ……………… 41
3. 検察官室における手錠腰縄の被疑者に対する取調べ ……………… 42
4. 大阪地裁 1995 年判決（「人間の誇り、人間らしく生きる権利」）………… 42
5. 大阪地裁 1995 年判決の意義 ……………… 46

第7章
職業裁判官制度下での裁判員裁判における手錠腰縄……………48

1. はじめに ……………… 48
2. 裁判員裁判の限界 ……………… 50
3. 裁判員裁判と手錠腰縄 ……………… 52
4. 裁判員裁判と法廷における手錠等の使用についての通知 ……………… 53
5. 手錠等の事前解錠の手順 ……………… 54
6. 通知の欠陥 ……………… 54

第8章
青砥（出廷拒否）事件……………56

1. はじめに ……………… 56
2. 事件の概要 ……………… 57
3. 大阪地裁による措置請求と大阪弁護士会の対応 ……………… 59
4. 楠本学氏の大阪弁護士会への人権侵害の申立て ……………… 59

第9章
大阪司法事務協議会での法廷における手錠腰縄の取扱いに関する提案……………62

1. 司法事務協議会の約 70 年の開催の経緯（1954 年から現在まで）……… 62
2. 大阪弁護士会による初めての法廷における手錠腰縄に関する提案と裁判所等の対応 ……………… 63
3. 大阪弁護士会の 2019（令和元）年度提案 ……………… 66
4. 大阪弁護士会の 2020（令和2）年度提案 ……………… 68

第10章
法廷における手錠腰縄の人身拘束と
憲法13条……………………70

1. はじめに……………………70
2. 憲法13条の規定（個人の尊厳の尊重）………………71
3. 世界における人間の尊厳の規定………………72
4. 憲法13条と国際自由権規約7条「品位を辱める取扱い」の関係………73

第11章
憲法31条「適正手続の保障」と手錠腰縄問題
——被告人の防禦の権利と法廷における手錠腰縄………76

1. 法廷における手錠腰縄と被告人の防禦の権利………………76
2. 防禦する権利から導き出す手錠腰縄に晒されないで出廷する権利・法廷における手錠腰縄したまま晒されない権利………………78

第12章
国際自由権規約と法廷における手錠腰縄
——国際人権条約は国内法であり
　　裁判官は法的に拘束される………………80

1. はじめに………………80
2. 国内法としての国際人権規約——憲法より下位規範、法律より上位規範…81
3. B規約（7条、10条）に基づく法理………………86
4. B規約14条2項（無罪の推定を受ける権利）………………90

第13章
はじめて法廷における手錠腰縄問題を
争った京都地裁国賠訴訟………………98

1. はじめに………………98
2. N氏の主張………………98
3. 京都地裁判決の要旨………………101
4. 国賠訴訟提起に至るまでの経緯………………102

vii

第14章
憲法13条の人格権侵害を認めた
大阪地裁2019年判決……………………112

1. はじめに……………………112
2. 個人の尊厳の侵害を認めた判決理由………………………13
3. 1993(平成5)年・最高裁通達(書簡)による運用の改善………………115
4. 大阪地裁2019年判決によるその他の争点………………118
5. 大阪地裁2019年判決における欠陥のまとめ………………124
6. 京都地裁・大阪高裁における国賠訴訟判決と大阪地裁2019年判決との
   比較検討………………124
7. 京都地裁・大阪高裁と大阪地裁2019年判決の争点ごとの判示の検討126

第15章
法廷における手錠腰縄の廃止に向けての
運動の拡がり……………………132

1. はじめに………………132
2. 大阪弁護士会に法廷内手錠腰縄問題プロジェクトチーム発足…………133
3. 大阪弁護士会シンポジウム………………134
4. 近畿弁護士会連合大会と同連合会人権擁護委員会に
   よるシンポジウム………………134
5. 大阪地裁2019年判決にもとづく最高裁通達(書簡)の活用………………135
6. 日本弁護士連合会の取組み………………136
7. 新聞関係による報道………………138

第16章
廃止の潮流にある法廷における
手錠腰縄の人身拘束
──最高裁判所・法務省・日本弁護士連合会に対する
手錠腰縄につき政策提言……………140

1. はじめに………………140
2. 求められる法務省、最高裁の韓国実情調査………………141
3. 日弁連人権擁護大会のテーマにして弁護士の
   関心を高めることが急務………………142

【資料1】 京都地方裁判所平成 28 年（ワ）第 815 号損害賠償請求訴訟に関する意見書（里見佳香）……………………… 144

【資料2】 韓国での法廷内の被告人に対する身柄拘束の状況（西川満喜）164

【資料3】 大阪地裁 2019 年判決（令和元年5月 27 日）〔全文〕………… 170

【資料4】 手錠腰縄問題に関する新聞報道 ………………… 199

おわりに ……………… 208

著者の実務経験一覧 ……………… 210

手錠腰縄による
被疑者・被告人の拘束
人権保障の視点から考える

山下 潔

第1章|||||||||||||||||||||||||||||||||||||||||||||||||||||||||||||||||||||||

手錠腰縄による人身拘束の
日本の文化的な土壌

1. はじめに

　日本の刑事裁判において被告人が手錠腰縄（戒具）の姿のまま入廷して
くると、初めて傍聴した人は本当に驚くのである。なぜ被告人が犯罪人の
ように法廷に引き立てられてくるのか。この被告人に人権が保障されてい
るのかと思うのである。しかし、このならわしは、明治時代から現在まで
被告人の手錠腰縄姿は変わらないのである。ここに市民の手錠腰縄につい
ての法感覚と、日本の裁判官のそれとは、人権の面で著しい落差があるの
ではないか。なぜ市民が法廷における被告人の戒具の使用を犯罪人の「し
るし」として見るのか。そこには、日本独自の長い歴史が沈殿しているの
ではないか。この著書の出発点である。

2.「戒具」は、古くから犯罪人のために用いられた

　人間に対する戒具（拘束具）は、歴史的にみていくと、犯罪人に対して

施されてきたものである。この戒具には木製、金属製のものと「ワラ」製のものがある。

　日本の原始農耕社会では、未だ法律・道徳・宗教の分化は存在しなかった。農耕妨害への処罰、「不浄」「穢（けが）れ」とされた病等に対しては、古神道に則った熱湯に手を入れて有罪無罪を決する裁判手続である盟神探湯（くがたち）等を用いて、追放・物の献上・体罰等の掟を定着させていた。

　古代の飛鳥時代後期から中国の唐に倣った律令制が導入された。律の刑罰として五刑である「笞（ち）・杖（じょう）・徒（ず）・流（る）・死（し）」の成文法である刑事法体系ができた。「笞」はほそい笞（ムチ）で打ち、「杖」は笞より太い杖をもって打つ。ともに市中において衆人が見る前で臀部を打つ。「徒」は強制的に官役に３年間服させ、「流」は流罪で罪の重さで遠近があった。「死」は絞首と斬首で市中で執行した。中国では早くから精巧な戒具が発達しており、日本でも犯罪人の身体拘束の方法として、首枷（くびかし）・手枷（てかし）・足枷（あしかし）に木製または金属製の戒具が使用された。[*1]

　しかし、時代の推移により中国を模倣する律令制は次第に行われなくなった。

　鎌倉時代では鎌倉幕府北条泰時の「貞永式目」（御成敗式目）（1223年）は慣習法（先例と道理に根ざした法）を明確にした51か条の法典である。例えば謀反人、殺害、刀傷、強盗、窃盗、放火、文書偽造、悪口、殴打などの罪である。

　戦国時代になると、礫、串刺、鋸挽、牛裂、車裂、火焙、釜煎（カマイリ）、

---

*1　家永三郎『歴史家の見た日本文化』（雄山閣、1983年）、牧健二『日本法制史概論』（弘文堂、1948年）、滝川政次郎『日本法制史』（乾元社、1949年）、石井良助『体系日本史叢書４　法制史』（山川出版、1969年）、杉山晴康「徳川時代の刑事法」比較法学２巻２号（1965年）、小野清一郎「日本刑法の歴史的発展（一）（二）国家学会誌55巻９号（1941年）・11号（1941年）、佐伯千仭『三訂刑法講義総論』（有斐閣、1978年）、佐藤雄基『御成敗式目──鎌倉武士の法と生活』（中公新書、2023年）。

簀巻（スマキ）、耳・鼻そぎなど残酷な刑罰が科せられた。

　さらに徳川時代になると、徳川幕府8代徳川吉宗の上下2巻になる法典「公事方御定書」（1740年）によれば、刑罰として死刑（鋸挽、磔、火罪、獄門、斬罪、死罪、下手人）、遠島、追放、敲（タタキ）、入れ墨、身分刑、財産刑がある。のみならず死罪については、引廻（ヒキマワシ）、晒（サラシ）の付加刑が行われた。この晒、引廻しは新たに加わったもので、人々の威嚇を目的としたものである。二日晒、一日引廻、鋸挽の上磔（主殺し）、次に重い刑は引廻の上磔（親殺し）である。この2つの場合、時の権力者により新たに制定されたものであるが、苛酷な刑に付加して戒具が使用された。

　「公事方御定書」は明治維新まで130年にわたり活きたことから、主としてこの犯罪と刑罰の土壌が少なかれ今日に反映しているといって過言ではないであろう。

　徳川時代においては、木製、金属製の精巧な戒具より原始的な縄が使用されたのである。そして、両手首、両腕、胸部等を強く縛る結果、肉体的苦痛を与え人間性をマヒさせる縄の使用により、一層残酷な加害行為の方向へ高度の技術が要求されたのである。縄の単純な縛り方では緩んで抜けることが多いので、縄抜けできないようにここに日本独自の縄のかけ方の方式を生み出すこととなった。

　縛り方については、武士、僧侶、婦人等の身分性別に応じた縛り方でなければ縛るほうも縛られるほうもともに屈辱になったと言われた。徳川幕府刑事図譜には十文字縄、上縄、割菱縄、下廻縄、返し縄、羽付縄、乳掛縄、足固縄、切縄、介縄等の縛り方があげられている。「高手小手」（たかてこて）「小手三寸」「三寸縄」「猿縛り」「ぐるぐる巻」などの方法である。いわば、罪人を縛る一定の縄のかけ方が定まっていて、その縛り方も複雑であった。徳川幕府の権力により独占して罪人を縛る場合は「本縄」といわれた。ここに日本独特の戒具（縄）の使用が築き上げられた。

最も重い刑は晒で、自由を奪われた人間の姿は、晒刑（サラシケイ）として人々に見せしめにされ、恥辱を与えながら刑場へ連行する付加刑として、長い歴史をもち、日本の文化的土壌として沈殿していった。とりわけ日本で現在使用されている護送縄の戒具は、徳川時代に原型ができたといわれる。徳川時代には、刑罰として手錠、腰縄を連想させる次のような３つの刑罰があった。

　「晒し刑」は属刑で、火罪、磔、獄門等の極刑に付加される。いずれにしても恥辱刑である。晒される場合、両手は縛られ上半身も縛られた状態である。

　「手鎖りの刑」は、鉄で作られた手枷のことで鍵で開閉し、そこに封印をした紙を結び付けておく刑である。30日手鎖、50日手鎖、百日手鎖がある。

　先に述べた「引廻し刑」は死罪の中でも重いものに付加される刑で、「引廻し」は動く晒とされ、磔（ハリツケ）、火罪、鋸挽には必ず属刑として行われた。世の見せしめのために裸馬に乗せ、罪状を記した板をかけて引き廻された。縄で後手に縛られ、上半身も縛られるのである。

　「十手取縄」「お縄になる」と言われたり、犯罪人を「縄ツキ」、逮捕を「縄をうつ」「縄目の恥」と言われた。[*2]

　明治維新となる。明治初年は各藩獄で用いられた戒具がそのまま用いられている。今まで縄による戒具は1872（明治５）年監獄則以降は洋式戒具（鎖）のひな形が頒布され、これに基づき各府県各獄で適宜製作発注して備え付けられた。この鎖であるが、新入百日までは五等重鎖、四等軽鎖、

---

*2　名和弓雄『拷問刑罰史』（雄山閣、1987年）、笠間良彦『日本拷問刑罰史』（柏書房、1997年）、村伊之吉『捕縄教範』（経業堂、1926年）。重松一義『日本刑罰史年表』（雄山閣、1972年）は、「護送縄として一般的に広く用いられる手錠を併用するを最も安全とす」としている。「白洲（シラス）」が正式な法廷。原則として被糺問者は身体の不拘束、非公開である。乱心者、危害を加える恐れのある者は警備吏員が「挟み警護」（平松義郎『近世刑事訴訟法の研究』〔創文社、1998年〕）。

三等は良欽、二等は片欽、一等で戒具を解く（段階的施用）。他方、棒鎖、鉄丸、鉄索など懲鎖、罰具として用いられたものと区分しなければならなかった。

監獄則（1872〔明治5〕年）では、監獄における囚人には西欧風の金属製戒具が初めて使用された。そして監外出所の場合、囚人に対し長鎖を用い2人1連となすことになる。これは西欧に倣ったものである。

明治期後期までは刑罰の一種として自由刑（懲役刑）に対する加重刑として、さらに懲罰や拷問の道具として多用された。

1908（明治41）年に監獄法が制定されると、法定戒具として全国統一をみた。監獄法で定められた戒具は鎮静衣、防声具、手錠、聯鎖、腰縄の5種類である。戒具の整式は司法大臣が定むとあり、これ以外の戒具は禁止された。[*3]

3. 監獄法が制定されて戒具の使用が全国的に統一を見た

日本では1908（明治41）年に刑法典が制定された。罪刑法定主義（行為するときにその行為を犯罪とし刑罰を科する旨の成文の法律がなければその行為を処罰できないとする原則）いわゆる法律なければ犯罪なし、法律なければ刑罰なしの原則が成立した。同年監獄法19条、監獄法施行規則50条の制

---

*3　重松一義『図鑑日本の監獄史』（雄山閣、1985年）。各徒場でも最も配慮したのは囚人の逃走で、防止策として例えば京都では男囚に右眉毛剃落し、女囚には額口中一寸五分ないし二寸剃上げなど逮捕目印にしたうえで戒具を補っている。宇都宮徒場で使用されたのは鎖による胴環があげられる。同『近代監獄則の推移と解説』（北樹出版、1979年）によれば、「ひとたび戒具を施された場合無罪が推定される被告人であってもその大衆の目に晒されたその拘束の姿において人間の尊厳・人格はまったくスポイルされ決定的ダメージを受ける」と解説されている。同『日本獄制史の研究』（吉川弘文館、2005年）。1872（明治5）年監獄則においてはじめて監獄内において既決と未決の区分を法定した。また、牢獄を監獄とはじめて呼称した。小室清『注解監獄法』（法律研究所、1954年）、小野清一郎ほか『改訂監獄法』（有斐閣、1970年）。佐藤友之『日本の監獄』（三一書房、1992年）。

定によって法廷における金属製と縄の戒具の使用をみたのである。この腰縄は武家法、徳川幕府以来260年の歴史の中の「縄」に基づく人身拘束の長い歴史を経ている。このことから「動く晒し刑」のイメージが消えることがないのである。

　日本国憲法（1947年）の下においても、手錠腰縄の人身の拘束は、拘束される者に無力感、恐怖感、屈辱感などを生じさせ、傍聴者等に晒されることになってきたのである。

　この法廷における手錠腰縄の使用は、「市中引回し」を法廷に持ち込んだものといえるであろう。

　要するに、日本国憲法の下でも監獄法がそのまま引き継がれ、2006（平成18）年に刑事収容施設法が制定されてはじめて、手錠腰縄に関する規定が置かれた。しかし、その後も、なお法廷において手錠と腰縄を併用する実態は変わらなかった。

　現在腰縄の「縄」は材質が「縄」で、本来の語義から離れて「ヒモ」状となっている。

4．犯罪人は「市中引回し」というイメージの残存

　なぜ現在でも「市中引回し」という言葉が使われるのだろうか。それは、「市中引回し」が徳川時代から明治維新まで約260年にわたって犯罪人の刑として長く日本社会に沈殿し、日本の文化的土壌として存在してきたからにほかならない。一般人が、手錠腰縄をされた者を見れば、罰を受けた犯罪人であると注視することは当然であろう。

第1章　手錠腰縄による人身拘束の日本の文化的な土壌　7

第2章
大日本帝国憲法下における 手錠腰縄の規定

1. はじめに

　明治、大正、昭和という時代には、手錠腰縄についてはどのような規定がおかれたのか。一言でいえば、手錠腰縄の規定は1908年（明治41年）の監獄法と監獄法施行規則である。法廷における手錠腰縄の人身拘束に関する規定は、1890（明治23）年に制定された旧刑事訴訟法332条である。

　監獄法が1908年に制定されて法廷における手錠腰縄について全国の裁判所で統一した方式がとられた。しかし、大日本帝国憲法は日本国憲法と違い、憲法上人権がさほど保障されていなかったといえる。監獄法は2006（平成18）年まで継続した法律であるので、日本国憲法と比較してみるべきものはあるのか、また、監獄法と刑事収容施設法及び旧刑事訴訟法と現行の刑事訴訟法との比較において、法廷における手錠腰縄はどんな違いがあるか検討することとする。

　1945（昭和20）年日本が敗戦となり、日本国憲法が制定されるまで、法廷における手錠腰縄はどのような規定がおかれ推移したか。大日本帝国憲法下においては、刑法典、監獄法が制定されたが、被告人の手錠腰縄は被

告人の人権の角度からみるべきものはないと言ってよい。それは、とりわけ旧刑事訴訟法は予審制度が設けられたことと、訴訟構造が当事者主義構造を採用していなかったことが原因であろう。

2. 2つの規定

法廷における手錠腰縄に関して、大日本帝国憲法下における監獄法、旧刑事訴訟法と日本国憲法下におけるものと異同があるのかみてみよう。この場合、戒具の使用の関係で1つは在監者の戒具による護送と、2つは法廷における手錠腰縄の使用の「身柄拘束」問題がある。結局のところ規定をみる限りにおいて大きな変化はみられないといってよい。

⑴ 監獄法の「在監者」の戒具による「護送」規定

大日本帝国憲法の下で在監関係を規定していたのは、言うまでもなく監獄則、監獄法・監獄法規則であった。

監獄則16条（1889〔明治22〕年）「囚人及刑事被告人ヲ裁判所（中略）ニ<u>押送</u>スルトキハ男ト女トヲ分チ時宜ニ依リ戒具ヲ用フルコトヲ得」

監獄法19条（1908〔明治41〕年）「在監者（中略）監外ニ在ルトキハ戒具ヲ使用スルコトヲ得」

監獄法規則50条（同年）「手錠及捕縄ハ暴行、逃走、若シクハ自殺ノ虞レアル在監者又ハ<u>護送</u>中ノ在監者ニシテ必要アリト認メルモノニ限リ之ヲ使用スルコトヲ得」（下線は筆者）

ここで注意しなければならないのは、上記監獄法・同規則は、あくまで服役者のために規定されていることである。被疑者の規定としては、監獄

第2章　大日本帝国憲法下における手錠腰縄の規定　9

法1条3項において「代用監獄」が規定され、警察署内の留置場が監獄に代わって使用された。

監獄法1条3項「3　警察官署ニ附属スル留置場ハ之ヲ監獄ニ代用スルコトヲ得但懲役又ハ禁錮ニ処セラレタル者ヲ一月以上継続シテ拘禁スルコトヲ得ス」

上記監獄法規則50条の「護送」とは、刑務所等の被収容者を身体拘束したまま法廷を含む他の場所に送ることをいう。「押送」ともいう（監獄則16条参照）。監獄法規則50条が「手錠『及』捕縄」と規定し、併用を認めた。

(2)　旧刑事訴訟法における身体拘束

大日本帝国憲法下の明治・大正時代の刑事裁判の法廷に関して手錠腰縄をしない、いわゆる身体不拘束の原則は、以下のように規定されていた。

1）　治罪法（1880〔明治13〕年）265条は、「被告人ハ公廷ニ於テ身体ノ拘束ヲ受クル┐ナシ但守卒ヲ置ク┐アル可シ」と、「公廷」では被告人の身体拘束を解くことを規定していた。公判は事の曲直を断するものであるから、被告人が十分に弁論を行うことが必要だからである[*1]。

2）　身体不拘束の原則

旧刑事訴訟法332条は「被告人ハ公判廷ニ於テ身体ノ拘束ヲ受クルコトナシ但シ之ニ看守者ヲ附スルコトヲ得」と規定していた。この規定の所以は、被告人として訴訟当事者として公判廷に出廷している以上、身体の拘束が精神に影響することも少なくないこと、防禦権の行使に十全を期すこ

[*1]　福井淳『刑法治罪法註釈』（田中太右衛門、1889年）。「被告人は法廷で自由に弁論されるべき。これを拘制すると真心の弁論ができなくなり、ちがう事実を述べることになる」（村田保『治罪法註釋巻六』〔慶文閣、1880年〕）、須原鉄二『治罪法釈義』（1938年）。

とが必要であること、とされた。この規定に違反した場合は上告理由となるとされた。

そして、旧刑訴法（明治刑訴法〔1890（明治23）年から1922（大正11）年まで〕、大正刑訴法〔1922（大正11）年から1948（昭和23）年まで〕）は、以下のように、「公判廷において手錠腰縄の人身拘束をしてはならない」ことを規定していた。[*2]

①法廷における身体の拘束は、被告人の自由な弁論が困難となり、被告人の意思の自由を奪うこととなり、禁止されるとされていた。

そして、②現行の刑事訴訟法と決定的に異なるのは、旧刑事訴訟法においては予審制度が採用されていたことである。

３）旧刑事訴訟法下における予審と予審廷

予審制度[*3]とは、訴追者（検察官など）の訴えをまたずに、裁判官が職権によって訴訟を開始するものである。予審裁判官は被告人を訊問し、裁判所と被告人との二面関係となっており、被告人は訴訟の「主体」ではなく

---

*2　公判の原則は身体を拘束して公判廷に被告人を立たせること自体不可であり、被告人の意思の自由を奪うことは公判において堅く禁ぜられる（参照、磯部四郎『刑事訴訟法（明治23年）』〔信山社、2003年〕、林頼三郎『刑事訴訟法要義各則上巻』〔中央大学、1924年〕「被告人ハ訴訟当事者トシテ公判廷ニ列席スルモノナルハ之ガ防禦権ノ行使ニ付遺憾ナカラシメルコトヲ期セザルハカラス、而シテ身体ノ拘束ハ精神ニ影響スル所尠カラザル……」、小河滋次郎『日本監獄法講義』〔1891年〕「殊ニ刑事被告人ヲ裁判所ニ押送スル等ノ場合ニ於テハ務メテ戒具ヲ用ヒサルノ注意アルヲ必要ナリト信ス」、平沼騏一郎『新刑事訴訟法大覚』〔松華堂、1926年〕「監獄ニ在ル者ト雖ハ在廷中ハ戒具ヲ施スコトヲ許サズ」）。
*3　豊島直通『修正刑事訴訟法新論』（日本大学、1910年）。「予審制度はその実質は糺問捜査の一環にほかならず、公判手続きを形骸化させるにすぎない場合が多かった」。
　　滝川幸辰『刑事法学辞典』（有斐閣、1963年）、木下哲三郎『刑事訴訟法（明治23年）講義』（信山社、2004年）。予審とは予備の審理にていわゆる下調である。裁判官をして審理判決をなさしめる材料と機会との準備行為。
　　監獄協会編『監獄法分類纂』（1911年）。寺尾亨『刑事訴訟法（明治23年）講義』（信山社、2009年）。板倉松太郎『刑事訴訟法玄義』（厳松堂、1918年）。「予審ハ犯人ノ何人タルコト及ビ有罪無罪ノ証拠ヲ挙クルヲ以テ其目的トス故ニ予審ハ犯罪関スル一切ノ証拠ヲ蒐集又（中略）予審ハ証拠ノ取捨ヲナシ又証拠ニ拠テ有罪無罪ノ推定ヲ下スモノナリ。然レドモ有罪無罪ノ確然タル決定ニ至ッテハ予審判事ヲ論スヲ得ザル所ナル」。
　　青木英五郎『日本の刑事裁判』（岩波書店、1979年）。

「客体」にすぎないとされた。そして、予審は非公開で、弁護人の立会権も黙秘権も認められていなかった。およそ「起訴状一本主義」が適用される余地はなかった。[4]

　要は、予審により刑事裁判の実質審理は予審裁判官に追行されたといえる。

　予審の法廷においても、手錠腰縄は使用されていたようである（「予審廷ニ於テ刑事被告人ヲ審問スルニ当リ之ヲ護送スル看守ハ其職責上予審廷ニ入廷スルコトヲ得ヘキハ勿論ノ儀ト然ルニ審問上看守ヲ退廷セシメ審問ヲ為スコトヲ得ベキ儀ト被存候」〔明治41年４月民刑甲985号、監獄協会編『監獄法令類纂全上』（信山社、1911年）〕）。

３．手錠腰縄規定は日本国憲法の制定後も監獄法で継続

　大日本帝国憲法は、「天皇大権」であり、「臣民の権利義務」として、15か条からなる規定を置いていた。自由権の規定に関しては、限定的な権利しか規定されておらず、思想・学問の自由、検閲の禁止の規定も存在しなかった。さらに、国民の自由権を法律によって制限することができ、臣民の権利は、法律によらず命令によっても制限しうるものと解されていた。そのため、人が生まれながらにして有している人間の尊厳を尊重する権利は存在しなかった。これが55年間続いたのである。

　そして、第１章で説明したとおり、日本国憲法の時代になってもなお、

---

[4]　堀確「司法省による監獄行使の確定（1）（2）（3）」刑政129巻４号（2018年）、５号（2018年）、６号（2018年）、久田栄正『帝国憲法史』（法律文化社、1983年）、黒田覚『帝国憲法講義案』（弘文堂、1937年）、清宮四郎『憲法Ⅰ〔第３版〕』（有斐閣、1979年）39頁以下、上杉慎吉『帝国憲法逐条講義』（日本評論社、1935年）、筧克彦『大日本帝国憲法の根本義』（岩波書店、1936年）、伊藤博文『憲法義解』（岩波書店、1989年第８刷刊）、渡辺洋三『法というものの考え方』（岩波新書、1968年）。初宿正典『憲法２基本権』（弘文堂、1997年）。

2006（平成18）年の刑事収容施設法制定に至るまで、1908（明治41）年に制定された監獄法19条、同施行規則50条が存続し続けたのである。

第3章 ||||||||||||||||||||||||||||||||||||||||||||||||||||||||||||||||||||||||||||||||||||||

日本国憲法下における
手錠腰縄の規定

1. はじめに

　日本国憲法が1947（昭和22）年に制定された。日本国憲法では憲法構造
が国民主権主義、平和主義、基本的人権尊重主義を採用し、憲法11条か
ら40条まで基本的人権の規定が設けられた。憲法の価値の大転換がはか
れたにもかかわらず、手錠腰縄の使用は変わらなかった。

　本章においては、日本国憲法下において手錠腰縄の規定はどのように
なったか、手錠腰縄の人身拘束について裁判官がどのような権限を持って
手錠腰縄を扱うのか、監獄法に代わった刑事収容施設法78条、刑訴法287
条を中心に検討する。

　市民が裁判傍聴した場合、法廷での手錠腰縄での拘束が一見して人権侵
害ではないかと考える人が少なくなかった。しかし、1947年から2006（平
成18年）に刑事収容施設及び被収容者等の処遇に関する法律（刑事収容施
設法）が制定されるまで刑訴法287条と法廷における手錠腰縄の併用の運

14

用は変わらなかったし、現在に引きつがれている。

２．手錠腰縄に関連する３つの規定

　日本国憲法下において、法廷における手錠腰縄に関連する規定は、以下の３つをとりあげることができる。

　１つは、刑事裁判の法廷を規律する権限として法廷警察権（裁判所法71条）と訴訟指揮権（刑訴法294条）がある。

　２つは、刑訴法287条における公判廷における身体不拘束の原則である。

　３つは、法廷における刑務官の手錠腰縄に関係する刑事収容施設法78条である。

　以下この３点について述べる。

⑴　法廷を規律する権限である法廷警察権（裁判所法71条）

　法廷警察権とは、裁判所又は裁判官が法廷で職務を行うにあたりこれに対する妨害を排除し法廷における秩序を維持する（裁判所法71条、72条）権利をいう。具体的には、退廷・在廷・起立命令・発言禁止令などがある。裁判所の固有の自律作用であるといわれる。審理の内容そのものと関係ない点で、次に説明する訴訟指揮権と異なる。また、裁判所の代表機関である裁判長の専権に属し、その執行の補助者として、警備員、警察官を指揮監督して裁判長の命令を執行させることができる。なお、法廷警察権について最高裁判所大法廷の判例がある[1]。

＊１　最大判平成元年３月８日民集43巻２号80頁。「法廷警察権は裁判所法71条、刑訴法288条２項の各規定に従って行使されなければならないが、法廷警察権の趣旨、目的、さらに遡って法の支配の精神に照らせばその行使に当たっての裁判長の措置は最大限尊重されなければならない。したがってそれに基づく裁判長の措置はそれが法廷警察権の目的範囲を著しく逸脱し、またはその方法を甚だしく不当であるなどの特段の事情のない限り、国際法１条１項の規定にいう違法な公権力の行使ということはできないものと解するのが相当である」。須田賢「法廷警察」三井誠ほか『刑事手続〔下巻〕』（筑摩書房、1988年）。

⑵　刑事裁判の法廷を規律する権限である訴訟指揮権（刑訴法294条）

　訴訟指揮権とは、裁判官が訴訟の迅速な処理と審理の完全を期すため訴訟手続を主宰する行為をいう。

　刑事訴訟における訴訟指揮権は特別規定（刑訴法304条3項、313条など）を除き包括的に裁判所の代表機関である裁判長に属する（刑訴法294条）。これは、時宜に適切に合目的な判断と処置を行うために裁判長1人に委ねたのである。この権限は、公判で訴訟を秩序付け、合理的に進行させるために必要な事項の一切に及ぶ。ただし、被告人、弁護人は、裁判長の処分に対し異議申立をし、法令違反があれば（刑訴法309条2項、刑訴規205条2項）裁判所の監督権の発動を求めることができる[*2]。

⑶　刑務官の戒護権と法廷警察権、訴訟指揮権の関係

　戒護とは、在監者を戒めて監獄を護ることである。刑務官が戒護権を持ち、護送のために戒めの道具たる戒具を使用する。戒護権が法廷にどの程度及ぶかが問題となる。

　そして、刑務官の戒護権は法廷内に及ぶ（大阪高判昭和45年2月20日判タ249巻268頁）。

　法廷における法廷警察権、訴訟指揮権によって被告人が法廷に手錠腰縄による身体拘束を伴って入退廷する場合、刑務官の戒護権に対しては裁判所の法廷警察権と訴訟指揮権が優先し、戒護権は制限を受ける関係にある。

3．法廷における被告人の身体不拘束の原則（刑訴法287条）

⑴　身体拘束の禁止の原則

　現行の刑事訴訟法287条は、次のように規定して、公判廷における身体

＊2　佐藤博史「訴訟指揮」三井誠ほか・前掲注1書。

拘束を禁止している。

　刑事訴訟法287条「<u>公判廷</u>においては、被告人の身体を拘束してはならない。但し、被告人が暴力を振い又は逃亡を企てた場合は、この限りでない。

　②　被告人の身体を拘束しない場合にも、これに看守者を附することができる。」（下線は、筆者）

　当事者の一方である被告人には自由な防禦活動が保障されなければならないところ、被告人の身体が拘束されることは、被告人の心理面に影響を及ぼし、被告人の防禦活動の制約となることがありうる。また、手続の公正さを外観的に確保するためにも、公判廷においては被告人の身体の自由が確保されなければならないといわれる。

　大日本帝国憲法下における治罪法と旧刑事訴訟法においても、この刑訴法287条にあたる規定は置かれていた。それらの立法の趣旨は、被告人が法廷において自由に拘束されずに意見等を述べることが保障されるからといわれていた。

　刑訴法287条の「公判廷」は、裁判官が入廷して開廷宣言してから閉廷宣言するまで、と解釈される。被告人が入廷する際には、刑務官が法廷に被告人を護送するために付き添って入廷する。刑事収容施設法78条が護送に関する規定を置いており、裁判官が入廷して開廷宣言するまでの間はこの護送規定が活きることになる。刑務官は手錠腰縄を使用することになる。

　つまり、裁判官は、先述のように裁判所法71条によって法廷警察権をもち、裁判官は、公判廷において開廷宣言をすることによって、訴訟指揮権をもつ。他方、刑務官は、勾留されている被告人を護送し、法廷に引致する戒護権をもつ。

第3章　日本国憲法下における手錠腰縄の規定　　17

⑵ 問題の所在

ここでの問題の所在は、裁判官が法廷に入り開廷宣言するまで、または、閉廷宣言した後は、公開法廷である公判廷内における傍聴人の面前で、手錠腰縄の姿の被告人が傍聴人から見られてしまうことにある。上記の「公判廷」の解釈によって、このような事態になっている。裁判官の開廷宣言までと、閉廷宣言後は手錠腰縄が許されることになる。

たしかに刑訴法282条2項は「公判廷は、裁判官及び裁判所書記が列席し、且つ検察官が出席してこれを開く」として「公判期日における取調は、公判廷でこれを行う」としている。他方、憲法82条は「裁判の対審及び判決は、公開法廷でこれを行ふ」として「公判廷」とは公開法廷をいう（最判昭和23年7月29日刑集2巻9号1076頁）。

刑訴法278条1項の趣旨は、「当事者の一方である被告人には自由な防衛活動が保障されなければならないが、被告人の身体を拘束されることは被告人の心理面に影響を及ぼし右の防禦活動の制約となることがあり得る。他方手続の公正を外観的に確保するためにも公判廷においては被告人の身体の自由の確保されなければならない[3]」。

要は、公判廷における身体不拘束の原則は第1に被告人の心理面に影響を及ぼすこと、第2に手続の公正を外形的に確保することにあるのである。とりわけ傍聴人はもちろん裁判の関係者（裁判官、検察官、書記官、廷吏）に対しても手続の公正を外形的に確保するために公判廷において被告人の手錠腰縄姿を見られない措置をとることが要求される。そうすると、刑務官が刑事収容施設法78条にもとづき公判廷（法廷）に被告人を手錠腰縄姿で「犯罪人」として連行してくることは許されないことになるのではないか。なぜなら、法廷に手錠腰縄姿で被告人が入退廷することは手錠腰縄をされた「犯罪人」としての外観を呈するからである。裁判官の「心証」面

---

*3　青柳文雄ほか『注釈刑事訴訟法』第3巻（立花書房、1981年）84頁。

と異別に取り扱うべきである。

このような事態を回避するためには、韓国で採用されている「待機室」（巻末資料2参照）を設置すればよい。しかし、裁判所の法廷の施設の改善を図るために「待機室」を設ける予算を日本では計上ができないのである。

4. 刑務官の護送による手錠腰縄の使用（刑事収容施設法78条）

刑事収容施設法78条は、「刑務官は、被収容者を護送する場合又は被収容者が次の各号のいずれかの行為をするおそれがある場合には、法務省令で定めるところにより捕縄又は手錠を使用することができる。①逃走すること。②自身を傷つけ、又は他人に危害を加えること。③刑事施設の設備、器具その他の物を破壊すること。」と規定する。

拘置所から刑務官が被告人を法廷に護送するため引致した場合、これに該当することになる。国会審議において監獄法規則50条の「及び」と刑事収容施設法78条の「又は」と両者の違いは議論されず、「又は」が明文の形で国会において議決された。

監獄法施行規則50条は法廷における戒具の使用は手錠及び捕縄と規定している（以下、傍線は筆者）。法律ではなく規則であるが、手錠と捕縄の併用を認めている。これに対して刑事収容施設法78条は法廷における戒具の使用に手錠又は捕縄と法律で規定している。憲法の価値が転換を図られたこと、国会で議決を経由している点で大きな違いがあるにもかかわらず、現在においても戒具の使用はその手錠と腰縄の併用が認められている。

「上記規定中の『又は』は、法務省や裁判所の見解は複数の語句を選択的に連結する接続詞であるが、その一般的な用法として、必ずしも択一的ではなく、複数ないし全部の選択の可能性を排除しない場合もある」とし

て、併用使用の必要性と許容性について認めている。[*4]

　「護送する場合」に該当する場合であっても、78条1項は「使用することができる」と定めていることから、拘束具を使用するには、必要性と相当性の検討が必要（刑事収容施設法73条2項）である。78条の注釈書によると、「護送する場合の要件を満たしても具体的必要性の有無の検討、ほかの措置をとることの合理性、妥当性の検討して、これが満たされない場合には手錠腰縄の使用ができないのが原則である」[*5]としている。

　さらに、拘置所の刑務官が被告人を法廷に護送する場合、戒護権の行使によるのであるが、法廷においては裁判所における法廷警察権等が支配していることから、裁判所の権利が優先する関係となる。確定囚を護送する場合とは決定的に異なる取扱いとなる。

5．日本の裁判官の「ドグマ」というべき欠陥

　日本の刑事裁判は陪審裁判や参審裁判を採用していない。日本の刑事裁判は、裁判員裁判を除いて職業裁判官の制度である。司法試験に合格しても10年の弁護士の経験を経ずして、直ちに裁判官になる制度である。このための多くの刑事裁判官は社会経験はなく大学を卒業して裁判官となっていくのである。このように日本の裁判官は法廷において裁判の審理を進めるにあたり、裁判所法や刑訴法に基づいて審理を主宰して裁判官の権限に基づいて権利を行使することができるようになる。

　裁判官になる前に司法修習生の時に法廷において被告人の手錠腰縄姿を見て一種の驚きをもつが、いったん裁判官になると、法廷の手錠腰縄姿に

＊4　法制執務用語研究会『条文の読み方』（有斐閣、2012年）。
＊5　林真琴ほか『逐条解説刑事収容施設法』（有斐閣、2011年）。

「慣れ」て「犯罪人」とみないとし、「有罪の心証を抱かない」と大多数の裁判官が言う。裁判官は「机」の上で審理し、被疑者逮捕、勾留、代用監獄における拘束などにおける手錠腰縄使用が被疑者・被告人の人権にどのような影響を及ぼすかその実態を理解しようと努力したことはないし、また類似体験をしたことはないのである。起訴状一本主義の法廷においても、第1回公判においても被告人は手錠腰縄姿で出廷するのである。

　被疑者・被告人にとっては逮捕から判決まで一貫し手錠腰縄の姿を余儀なくされる。警察官・検察官・裁判官は被疑者・被告人に手錠腰縄姿を強いており、一体である感をもたれるのである。これでは被疑者・被告人の人権の保持は台無しになってしまうのである。

第4章

留置場から法廷にまで及ぶ手錠腰縄の人身拘束の実態
——逮捕から控訴審の判決まで

1．はじめに

　ここで「人身拘束」という言葉をなぜ使うのか。また、この「人身拘束」は人間に対する戒具の使用によってもたらされるのである。人身拘束は、日本において被疑者・被告人の単なる自由を制限するというような次元ではなく、人間の肉体と心も、筋肉層にまで及ぶ身も心も奪われる苦痛を覚える意味でこの言葉を使っている。

　なぜこのテーマが重要で、ここで述べなければならないのか。

　代用監獄の問題がまず取り上げられる。日本の法律では警察に逮捕された被疑者は警察留置場に留置される。48時間以内に検察官に送致され、24時間以内に裁判官に勾留請求されなければならない。勾留場所は本来監獄（拘置所）であるが、監獄法1条の3は警察留置場を監獄に「代用スルコトヲ得」としているために多くの場合警察留置場が勾留場所となっている。だから代用監獄と言われている。2006（平成18）年制定された刑事収容施設法は第3章に留置施設の規定を設け、同法14条は各都道府県警察に被疑者の留置施設を設置し、同法15条は被疑者を刑事施設に収容す

ることにかえて留置施設すなわち留置場（いわゆる代用監獄）に留置することができるとしている。

２．代用監獄はどんなところなのか

　代用監獄（留置場）は鉄格子と全網で囲まれ扇形になっており、中心の位置に看守台があり複数の房（部屋）がある。房は施錠され看守台からはすべての房の内部を見通せる。被疑者は一挙手一投足が監視される。

　被疑者は警察官が監視できるように配置された房に収容される。この狭い部屋（約10平方メートル）に数人の被収容者と長期間生活を共にすることになる。女性あるいは少年もこの部屋のひとつに収容されるので、成人男子の好奇心の対象となることは避けられない。

　監視にあたる警察官は被疑者のあらゆる行動をチェックし、記録する。起床、洗面、食事、読書、就寝、運動、取調べなど一日中の生活のすべてが監視される。大便小便の排泄行為も監視される。さらに、房内における規律が厳格に規制される。房内で立ち歩くこと、会話をすることは禁じられ、床に敷かれたゴザやじゅうたんの上での座り方あるいは就寝中の毛布の掛け方のような細かいことまでも厳しく命じられる。部屋の片隅にトイレがあるが、大便小便の排泄物の水洗も被疑者は自由にできないのである。そして、入浴は１週間に１回程度、運動は１日１回でそれぞれ10分から15分間の短時間がふつうである。運動場がある場合もそれは建物の一角で、通常は非常に狭く、かつ過密である。そのため「喫煙所」がわりに使われることが多いというのが実情である。

　外部との連絡はとりわけ厳しく制限され、直接電話を外部にかけること

第４章　留置場から法廷にまで及ぶ手錠腰縄の人身拘束の実態　23

はできない[*1]。

　この代用監獄は、取り調べる警察官が被疑者を手元に置くことになって自白の強要や冤罪の温床となっている。日本における死刑囚が再審により無罪となっていることが数多くみられている。代用監獄下におかれる被疑者・被告人が人格支配を受ける環境といえる。

　この劣悪な環境の代用監獄は大正時代に「ブタ箱」と呼称されたことがある。こうして被疑者の日常生活は警察署の監視・規制の対象となり、その管理支配にゆだねられる。そして被疑者が自白をしない場合、往々にして被疑者に対する処遇は一層悪化し、逆に自白をすると恩恵的によい処遇を受けることもある、ということになる。このような代用監獄の実態が常態として明治、大正、昭和、平成、そして現在に至っているといえよう。

3．死刑再審4事件のケース

　ここで、死刑判決が確定した4人の被告人が再審請求で死刑から自由の身になって解放された事件について述べておこう。4人ともに1人の例外もなく手錠腰縄の拘束を含めた徹底的な人格支配を受けた取調べの結果として虚偽の自白を余儀なくされ、それを理由に死刑判決を言い渡された。

①　**免田事件**　1950年3月23日1審判決死刑・強盗殺人・免田栄氏

　留置場（代用監獄）ではない人吉署の仮庁舎で4日間睡眠を与えられず過酷な取調べによりはからずも自白調書を作成させられた。

②　**財田川事件**　1952年2月20日1審判決死刑・強盗殺人・谷口繁義氏

---

*1　被留置者の留置に関する訓令（平成30年6月11号改正）により、被留置者はこまごました規定を守らなければならない。物品の貸与自弁、所持金品の検査、差入れ、保健衛生（タバコや運動）、書籍、ラジオ等の取扱い、閲覧の禁止、制限、面会、信書の発受、身体検査（男女）などであり、これらは全て記録される。

別件で軽い強盗・窃盗事件の捜査の名をかりて逮捕。勾留をむかえ代用監獄で約4か月間この事件で追及されてついに自白させられた。

③　**松山事件**　1957年10月29日 1 審判決死刑・殺人放火・斎藤幸夫氏

連日長時間取り調べられて疲労し絶望している時、同じ房に送り込まれた警察の協力者高橋勘一が「裁判でひっくり返せばよい」と自白を強く勧め、これに大きく影響を受け自白に至った。

④　**島田事件**　1958年 5 月23日 1 審判決死刑・強盗殺人・赤堀政夫氏

この事件は1954年 3 月10日白昼の幼稚園から少女が何者かに連れ出されて近くの山中で殺害された事件。警察は代用監獄の取調室でなく署長庁舎の一室で追及し、警察の誘導に乗って自白調書を作成された。

さらに、4つの再審無罪事件以外でも、日本では逮捕勾留期間において被疑者は手錠腰縄の世界に入るが、ここで手錠腰縄の拘束を含めて徹底的な人格支配を受けるのである。裁判官はこうした「生の実態」を知らない。公判においても被告人が手錠腰縄姿の外形的事実の一局面をみるがこの局面で裁判官が「心証に影響しない」と述べても、被告人の立場からみるならば警察官、検察官、裁判官は権力として一体のものとの理解を余儀なくされる実態がある。

日本においては10年に及ぶ弁護士の経験もない職業裁判官による刑事裁判制度である。裁判官は法廷において被告人の手錠腰縄の姿により有罪の心証を抱かない旨強調する。しかし、裁判官の心証よりも、手錠腰縄の外形が被告人に及ぼす影響を考えなければならない。被告人の基本的人権の次元で理解されなければならないのではないか。起訴前における逮捕・勾留期間における取調べ等において、被疑者が徹底的な人格支配を受け、その上に手錠腰縄による人身拘束を受ける。勾留手続においても検察庁による取調べに手錠腰縄で連行されるのである。また、勾留状の発行においても手錠腰縄により連行される。さらに起訴されると、被告人は手錠腰縄

で法廷に護送される。被告人は、法廷において「白紙」の状態ではなく、依然として手錠腰縄姿である。これではいつまでも、被疑者・被告人は人身拘束が放たれ、自由の身とはならないのである。

このように、法廷の傍聴者や裁判官の前に手錠腰姿で引き出されていること自体が、刑事訴訟法における当事者主義構造から逸脱して糾問手続ではないかといわれる。これは手錠腰縄問題の単なる事実ではなく、代用監獄制度（人格支配と取調べ）と監外にある手錠腰縄による護送が法廷まで含めて一体としてひとつながりであることになっている。

4．逮捕から留置場に収容されるまでの戒具の使用

被疑者は逮捕されて手錠腰縄にて自由を奪われ、警察署に連行される。任意出頭の場合においても捜査部屋などで取調べを受け、留置が決まると手錠がかかる。ここで被疑者は捕らわれの身となったことを実感する。鑑識で、写真と指紋が取られ留置場の出入り口にある身体検査室で全裸の身体検査を受ける。これは男女を問わない。このあと鉄格子と金網で囲まれた居房に入れられる。

逮捕されたときの所持品を全部出され、検査を受ける。全身の検査は全裸になり頭の先から足のつま先までに及ぶ。場合によれば、尻の穴まで調べられる。代用監獄の居房の中には私物の持ち込みは禁止される。時計、靴、鍵、財布、お金、ベルト、ネクタイ、ネックレス、ライター、たばこ、手帳、アドレス帳、などである。日常生活にもっていたものが全てなくなる。そして、24時間看守台により監視の状況におかれる。

留置場（代用監獄房）は扇形をしている。昼夜の区別なく全身被疑者の一挙手一投足、用便中の姿まで監視される。

留置場の居房は、狭い部屋で、看守から24時間監視されるなかで起床

から就寝までの規律ある生活を保持しなければならない。被疑者は心理的に警察の人格支配を受けて、この人身の自由の著しい制限により、起床時間は決められており、朝うす暗いうちに起きたらまず掃除と洗面をすませ、次に点検を受ける。

今までの自由な日常生活から世界が一変することになるのである。

5．留置場内における手錠腰縄の使用

被疑者留置規則（昭和32年8月22日国家公安委員会規則）によれば留置場内においても被疑者が逃亡、暴行、自殺等のおそれがあり、その防止のため必要と認められるときは留置主任者の指揮により手錠腰縄等が使用できるとある。

6．留置場から取調べを受け房に帰るまでの戒具の使用

被疑者が取調べを受けるために留置場の居房から出る際には、留置人出入簿に記入されたうえで、留置場に近い刑事取調室に連行される。長時間の取調べののち、留置場の居房に戻されても屈辱感にさいなまれ、睡眠不足もあり、心身ともに疲労の極みに達することがある。このように代用監獄と取調べは、被疑者に対する精神的・肉体的な支配が常態化している。代用監獄を利用した徹底した取調べは、「虚偽自白」の温床である。そこでは、暴行による取調べ、脅迫、詐術、利益誘導の取調べ等が横行している。[2]

*2　第17回近畿弁護士会連合会大会シンポ「警察官による人権侵害とその救済」27頁ほか。日本弁護士連合会編『検証日本の警察』（日本評論社、1995年）。

このように取調室における虚偽自白が生まれる。取調べ室は密室であり、その本質は被疑者より自白を得るところにある。この点について、検察官はつぎのように述べている。「被疑者を自白させる万能方法は存しない。それは被疑者の側で否認を通す万能方法は存しないのと同じである。したがって、否認する被疑者の取調べには暴力と脅迫以外のあらゆる工夫において懺悔と更生の道に立ち帰るように説得する熱意が必要である。人間と人間の対決であり人格の力であって尋問技術の問題ではない」（出射義夫「任意捜査の限界」『総合判例研究叢書　刑事訴訟2』〔有斐閣、1957年〕213頁以下）。

　「被疑者尋問の目的はあらゆる穏当な方法を用いて不安を高め心配を和らげることにある。強引な力づくの勝負ではなく被疑者を連日長時間にわたって取調べ、疲労困ぱいさせて無理矢理自白させることでもない。……被疑者を自白しやすい心理状態に導き説得して自白させるのである」（渡部保夫「誤った捜査を防止するために（適正捜査考）」捜査研究（435号〔1988年〕32頁）。

　捜査を担当する警察官の発言を紹介することはできないが、そのこと自体何を物語っていることになるのだろうか。筆者は代用監獄から被疑者を取調室に連行して23日間に及ぶ身体拘束した取調べが任意性に疑いを生ぜしめる類型的実情と考える。職業裁判官はこのような「場」が虚偽・自白を生み出していることを肝に銘じていないところに最大の問題がある。[*3]

＊3　この法廷における手錠腰縄問題が陽の目を見るに至ったのは一市民であり、被告人自身の楠本学氏（青砥事件の被告人）であった。
　　　青砥事件については第8章を参照されたい。
　　　五十嵐二葉ほか『代用監獄制度と市民的自由』（成文堂、1981年）47頁以下。庭山英雄ほか編『世界に問われる日本の刑事司法』（現代人文社、1997年）。若松芳也『犯罪捜査のすべてがわかる』（総合法令、1995年）。
　　　松戸OL殺人事件控訴審判決（東京高裁平成3年4月23日）。山下潔「被拘禁者の人権」法学セミナー406号（1988年）では、留置場でなく大阪拘置所の処遇の実態が述べられている。

孤立無援の被疑者は耐えられるものではなく、このようにして自白調書が作られているのである。これが留置場（代用監獄）における人身拘束の実態である。留置場から外に出るときは、捜査官の護送により手錠腰縄にて連行される。

日本の職業裁判官制度の下においては捜査段階に止らず起訴されて公判ごとに手錠腰縄の人身拘束は継続する。さらに控訴審における被告人尋問においても法廷において手錠腰縄姿が見られ、判決確定に近い公判まで継続しているのである。

7．被疑者が監外に出て裁判所の法廷に向かうまでの戒具の使用

裁判所の法廷に向かう場合は、このような手錠腰縄のまま傍聴者と裁判官、書記官、検事、弁護士のいる法廷に入ることとなる（傍聴席では親族が見守っていることがある）。被疑者にとっては逮捕以来、長時間の取調べを受けてきたうえに、さらにここでも手錠腰縄では、法廷に来ても依然として解き放たれず、これは長期にわたる人身拘束の継続以外のなにものでもないことになる。

8．手錠腰縄の入廷は「適正な公開裁判」といえるか

以上みてきたように、逮捕・勾留による人身拘束状態と、それに続く法廷における手錠腰縄による人身拘束の一体性が、品位を辱める土台となり、

宮澤節生・山下潔編『国際人権法英米刑事手続法』（晃洋書房、1991年）は、代用監獄制度について論及されている。

佐藤友之『日本の監獄』（三一書房刊、1992年）43頁以下、同『代用監獄33人の証言』（三一書房、1991年）。日本弁護士連合会編『監獄と人権』（日本評論社、1977年）40頁以下。山下潔「自白の任意性と信用性」自由と正義40巻7号（1989年）97頁以下。

被告人の人間としての誇りや人間らしい生き方を殺すことになる。

憲法37条は、「被告人は、公平な裁判所の迅速な公開裁判を受ける権利を有する」と規定している。国際人権規約の自由権規約14条1項も、「すべての者は、……公平な裁判所による公平な公開審理を受ける権利を有する」としている。また、適正手続の保障を定めた憲法31条に照らしても、被疑者が起訴により被告人になってからも、手錠腰縄により人身拘束することは「適正」となるのであろうか。被疑者・被告人にとっては、この意味では捜査官による被疑者捜査の領域と、法廷における被告人の裁判の領域とで違いはない。「依然として」「手錠腰縄で入廷する」ことは「適正な」また「適正な公開裁判」といえないのではなかろうか。

さらに、日本の捜査構造からくる日本独特の勾留制度を考えておかねばならない。日本の捜査構造は逮捕勾留にあたり代用監獄（留置場）が使われ、勾留期間は一罪について10日間、延長による10日間、逮捕期間を入れると被疑者の身体拘束は23日間に及ぶ。2罪であれば46日間となろう。刑事公判が1回で終わらない。少なくとも数回に及ぶことは常である。そして「人質司法」といわれて否認事件は保釈は許されず、公判では毎回法廷において手錠腰縄の人身拘束が続く。逮捕から1審の公判、控訴審の公判にまで及ぶことになる。勾留期間において取調べ、勾留質問や「引当」など裁判所その他の場所への監外への護送はすべて手錠腰縄が使われる。

9. なぜ日本国憲法制定後、法廷における手錠腰縄が問題にならなかったのか

なぜ日本国憲法が制定され、憲法の構造が国民主権主義、平和主義、基本的人権尊重主義が柱になっていても、法廷における手錠腰縄の問題が少なくとも半世紀にわたってほとんど問題にならなかったのか。これは一種の「暗い谷間」といえるのではないか。

その原因は、第1に、監獄法が廃止される2006（平成18）年まで60年間続いたことである。そして、刑事収容施設法が制定されても、国会ではその違いについてほとんど議論されずに立法化されたことである。

第2は、1974（昭和49）年に日本は国際人権法（条約）を批准して国内法となっても、裁判所はほとんどそのことを理解せず、無視すらしたことである。

第3は、法廷における手錠腰縄の問題が憲法、刑事訴訟法にまたがる学際的な問題であることから、総合的に検討されてこなかったことである。

第4に、根本的に一般市民が法廷を傍聴して被告人の手錠腰縄姿を見て人権侵害と感じても、裁判実務の次元で理解され社会問題化しなかったことがあげられる。

10. 裁判官は逮捕から判決までの戒具使用の実態を理解しようと努力したことがあるか

日本の裁判官は、監獄法以来、代用監獄における被疑者の取調べの実態、捜査段階において、被疑者に対する手錠腰縄の使用の実態、被疑者が捜査権力により人格支配を受けている実態をどれだけ知っているのであろうか疑問なしとしない。

欧米の裁判官と異なり、日本の裁判官は人権意識が欠如している土台があるのか、これらの実態を知ろうとしないし、理解しようと努力しない。

これであっては、法廷に出廷した被告人の人権を十分に理解できないことになる。裁判官が被告人の法廷における手錠腰縄姿について有罪の人証をもたないという論理は空虚な文言にすぎないのではなかろうか。

第4章　留置場から法廷にまで及ぶ手錠腰縄の人身拘束の実態　31

第5章 ‖‖‖

公道における「市中引回し」での戒具の使用と人権侵害
──大阪弁護士会人権擁護委員会の人権侵害「警告」等と
京都地裁・白井万久裁判官の法廷訴訟指揮

1. はじめに

　法廷や市中で手錠腰縄の問題が相次いて社会的関心事として登場してきた。手錠腰縄が市民から「市中引廻し」に見えて人権侵害になるのではないかと問題になったのは1989（平成元）年大阪弁護士会人権擁護委員会人権侵害申告事件である。次いで、1992（平成4）年には京都地裁白井万久裁判長の訴訟指揮により法廷の傍聴人から法廷における手錠腰縄の戒具の使用を見せないため傍聴人を退去させた事件である。

2. 大阪弁護士会人権擁護委員会の人権侵害申告事件（その1）
──大阪地方裁判所所長に対する要望書

　被疑者・被告人が手錠腰縄のまま路上を護送され、公衆の目にさらされることと、法廷における手錠腰縄の問題と同一平面上で検討しなければならない。公道上における被疑者・被告人に対する手錠腰縄姿と公開による傍聴の自由のある法廷における被疑者・被告人の手錠腰縄姿は後者の方が

注視度が強いことを考えればよい。

　1989（平成元）年12月21日、申立人佐伯千仭弁護人以下21名は、大阪弁護士会人権擁護委員会に対し人権侵害申立てをした。そして、大阪弁護士会は1991年（平成3）年12月4日、大阪府警察本部、大阪地裁、大阪地検に警告と要望を送達した。[*1]
　大阪地裁に対する要望書の要旨は、主としてつぎの点にある。

　大阪府警察本部の司法警察職員が、代用監獄に留置されている被疑者ま

---

*1　1989（平成元）年12月21日付朝日新聞は、次のように報道した。
　「容疑者の『市中引き回し』改めよ　弁護士ら、人権救済要求へ衆人の中を歩く護送は、大阪の裁判所、検察庁、弁護士会の法曹3者が年1回、司法事務手続きなどを話し合う司法事務協議会でも、既に7年前に問題化。当時の記録によると、『手錠、腰縄を付けたまま公然と公道上に引き立てるのは、人権上、問題がある』とする弁護士会側の指摘に対し、検察庁側は、『趣旨は理解できるので、警察へ伝えて検討させる』と答えているが、その後も引き続いて行われていた。
　20日午後は、大阪地裁構内の一般用駐車場に白い乗用車が乗り入れた。中から私服の警察官3人と、手錠、腰縄を付けた男性の容疑者1人が降りた。警察官の1人が腰縄をもち、他の2人が容疑者を間に挟むようにして、ゆっくり構内を約100メートル横切ると、一般の来訪者にまじって、通用門から裁判所内に入った。同日午後の1時間にこうした容疑者が3人見られた。
　捜査当局などによると、大阪地裁で拘置質問を受ける容疑者は年間1万人を超えており、うち約3000人が、こうした『引き回し』をされている、とみられる。人権侵害救済申し立ては、大阪弁護士会人権擁護委員会が審査。『人権侵害に当たる』と認定すれば、告発などの司法手続きの他、警告、勧告、要望、助言などの処置がとられる。
　この問題について大阪地検は、『基本的に大阪府警の問題なのでノーコメント』としている。
・腰縄・手錠隠すよう指導
上野友三・大阪府警留置管理課長の話
　普通は中型マイクロバスの護送専用車を使い、スロープを降りて裁判所の地下駐車場につけ、一般市民の目に触れないようにしている。指摘されたのは、容疑者を単独で大阪地検から大阪地裁まで徒歩で護送するケース。護送車両の駐車場が地裁の敷地に十分なく、車を止められずにウロウロする場合があり、やむを得ず徒歩で護送していた。この際は手錠や腰縄を上着で隠し、被疑者の人権を損なわないように指導はしている。今回の指摘を受け、大阪地裁に駐車スペースの確保をしてもらい、単独護送の場合もすべて車両を使い、裁判所の地下駐車場につけるようにする。本当は検察庁から裁判所への地下通路があればありがたい」。
　なお、山下潔『手錠捕縄による人身拘束──人間の尊厳の確保の視点から』（日本評論社、2017年）24頁以下を参照。

たは被疑者・被告人を、

①勾留質問のために裁判官に面接させる際、その往復に大阪地方裁判所までの公道及び裁判所の中庭約100メートルを被疑者に手錠をかけ、且つ腰縄を付して歩行させている。

②刑事、民事裁判法廷に出廷させる際、同一の態様で裁判所の中庭を歩行させ、裁判所庁舎内で一般の裁判所訪問者や裁判所職員等が使用するエレベーターや廊下を使用して護送している。

それらの際、このような被疑者・被告人の姿を公衆の面前にさらしているが、このような司法警察職員の行為は著しい人権侵害に該当するので、しかるべき措置を取られたい。

当会人権擁護委員会において、調査した結果、本申立てがなされた当時は勿論のこと、それまでも長年にわたって、大阪府警察本部管内司法警察職員が、前項①、②の被疑者・被告人を、いずれも申立てのとおりの態様をもって護送しており、その姿を一般公衆の目にさらしている。

被疑者・被告人を上記の態様で護送する行為は、被疑者・被告人に対し、あたかも「市中引き回しの刑」を執行したのと同様の不利益を与えるものであり、被疑者・被告人に身体の自由の制限という不利益を越えて、著しい精神的苦痛を与え、その人格権を著しく侵害する。

このような態様の解消のため施設の運用や構造改善に努力されることを要望する。

３．大阪弁護士会人権擁護委員会の人権侵害申告事件(その2)
——大阪府警本部・豊中警察署・豊中区検察庁に対する警告書

⑴ 1991年の大阪弁護士会人権擁護委員会の警告要旨

1991年（平成３年）12月の警告の要旨は、つぎの点にある。

平成2年4月6日、A氏より弁護人を通じ、軽犯罪法違反及び住居侵入未遂の嫌疑で豊中警察署に勾留中の平成元年11月30日及び12月1日の両日、検察官による取調のため同署より豊中区検察庁に護送される際、手錠・腰縄を付された姿が公衆の面前にさらされる状態のまま徒歩にて護送され、このことによりA氏の人権は著しく侵害されたとして、大阪弁護士会に対し救済の申立てがあった。豊中署と豊中区検察庁との間は数百メートルの距離があり、民家の密集するところであり、多数の人の目にもふれるものであるにもかかわらず、かかる護送方法がとられた。身柄拘束中の被疑者は罪証隠滅を防止する目的のために身体の自由を制限されているものであり、この目的のための制約を除いては基本的人権が尊重されるべきものであることはいうまでもない。被疑者を手錠・腰縄を付された姿が一般公衆の面前にさらされる状態にて護送することは、身柄拘束の目的を越えて、あたかも被疑者に対し「市中引回しの刑」が執行されたのと同様の精神的苦痛を与えるものであり、被疑者の人権を著しく侵害するものである。

⑵　新聞社による報道

　手錠腰縄による市中引回しについて、大阪弁護士会が取り上げたため、新聞社等が大きく取り上げるようになった。裁判所、検察庁、警察は新聞社が報道すると敏感である。公道における手錠腰縄の連行は、一般人から見て異様に映り、眼がそれに注視することである。それは、一般人が人間の尊厳の尊重について正面から注視することを意味する。さらに、この公道における市中引回しを法廷に向けて考えるならば「法廷における市中引回し」になり、上記要望書によれば「被疑者・被告人の人権に配慮するために建物の構造改善等建物の設計変更」を求めていることになる。つまり、「法廷」においては憲法82条で裁判の公開が保障されており、傍聴人に対して法廷で「市中引回し」と同じように手錠腰縄姿を晒すことになる。これを防

止するためには、施設の設計と改良、管理の変更を求められていることを意味する。諸外国はこの見地で法廷の施設、設計、管理の変更を完了して手錠腰縄を不要としている。

4. 白井万久裁判長の訴訟指揮と最高裁判所・法務省通知等

(1) 白井万久裁判官の訴訟指揮

裁判官が被告人の手錠腰縄の入廷に対し傍聴人を退場させて審理したのは日本で初めての出来事であった。そして最高裁・法務省から通達が出て、この通達が後に述べる大阪地裁判決と連動していくのである。

1992（平成4）年3月、46歳の男性が京都府宇治市内で700万円を貸していた知人に包丁を突き付けて3000万円を要求し、被害者から現金と小切手約600万円を脅しとった恐喝事件があった。その被告人は無罪を主張し京都拘置所に勾留されていた。同年9月8日、第4回公判に際し、法廷で手錠腰縄の姿を家族に見られることがしのびないとして、弁護人に訴えた。

これによれば、憲法の人間の尊厳性の尊重と国際自由権規約7条、10条に基づいて法廷における手錠腰縄の違法性を申し立てている。

同年9月24日の公判で、京都地裁の白井万久裁判官は被告人の入出廷の前に、それぞれ「傍聴人の方は出てください」と述べ、十数人いた傍聴人を退廷させたのである。

(2) 弁護人永井弘二の申入れ

京都弁護士会の永井弘二弁護人が白井万久裁判官に面談し、被告人が傍聴人に肉親等がおり、手錠腰縄の拘束は犯罪人に見られてしのびない強い訴えがあることを裁判官に申し入れた。

36

これに対し、白井裁判官は、弁護人の申入れに耳を傾け、前記のように、公判廷において傍聴人を全員退席させて、法廷において被告人の手錠腰縄を外させた上、傍聴人を入廷させる訴訟指揮をした。

⑶　マスメディアの報道

　1992年9月25日付の各紙は、つぎのような見出しを立てて報道した（巻末資料4参照）。
① 朝日新聞「手錠姿さらしません　被告人の入退廷時傍聴人退出」
② 毎日新聞「被告の手錠姿、非公開に」
③ 読売新聞「手錠姿しのびない」
④ 京都新聞「『手錠 人前で屈辱』」

　報道によれば、白井裁判官は「意見は差し控えたい」と述べ、当時の畑郁夫京都地裁所長は「裁判官の訴訟指揮権、法廷警察権の事でありコメントできない」とした。永井弁護人は、「司法修習生の時は法廷内での被告人の手錠姿を見てショックを受けたが、いつの間にか当たり前の感覚になっていた。被告人の申立で改めてそのとおりと思った」という。佐伯千仭立命館大学名誉教授は「……人権をいかに大切にするかという問題で、いわば当たり前のこと。今後一般化するのが望ましい」と、上記京都新聞にコメントを寄せた。

⑷　裁判所・法務省の通知等

　この白井裁判官の訴訟指揮は上記のように四大新聞がとりあげ大きな波紋となり、最高裁判所の書簡に及んだ。

①　法務省（矯正局）の通知

　法務省矯正局は、最高裁と協議の上、1993（平成5）年7月、「刑事法廷における戒具の使用について」（平成5年7月19日　矯保1704矯正局長通

知）を全国の刑事施設長に対して出した。それによれば、「刑事法廷等に
おける事故の防止について」（昭和32年5月7日矯正甲第398号矯正局長通達）
を原則としながらも、裁判所が手錠腰縄姿の被告人を傍聴人の目に触れさ
せることを避けるべき事情があるときは、要警備事件等においてとられて
いた裁判官、被告人、傍聴人の順に入廷し、傍聴人、被告人、裁判官の順
で退廷することとし、傍聴人のいない所で解錠・施錠する運用を原則とす
る、これによることができない特段の事情がある場合には、あらかじめ裁
判所と拘置所が協議した上で、被告人の入廷直前又は退廷直後に法廷（外）
の出入口の所で解錠・施錠させるという方式その他適切な方法をとる取扱
いとすることになった。

② 最高裁判所の書簡

最高裁判所は、1993（平成5）年7月、最高裁事務総局の島田仁郎刑事
局長、木村要家裁局長より高裁長官、地裁裁判所長、家裁裁判長あての書
簡（平成5年7月19日）を出した。

この書簡によれば、京都地裁のとった一時傍聴人退廷方式は、国民に対
する裁判所の訴訟運営の在り方という観点から見た場合、決して好ましい
ものと言えないとしながら、前記法務省通知と同様の内容である。

著者は同期（司法修習18期）の修習生であったため白井裁判官の退官後意
見を聞いたが白井裁判官は「被告人の申立についてそのとおりの審理をし
た」旨回答をされた。著者は、同裁判官が停年まで大阪地裁裁判官であった
ことから、京都地裁の訴訟指揮が影響しているのではないかと考えている。

⑸ 東京弁護士会人権擁護委員会申告事件等

1987（昭和62）年8月15日、殺人未遂被告事件の被告人Aは、東京弁
護士会人権擁護委員会に対して、警視庁の警察官らによる護送、連行方法
は、人権侵害にあたると人権救済の申立てを行った。

同委員会は、1991（平成3）年3月25日、警視庁に対して、「本件逮捕・

連行行為はＡを不必要な公衆の面前にさらし、その基本的人権を侵害したものであり、今後、被疑者の逮捕・引致にあたってはその基本的人権及び非人道的扱いを禁じる国際人権原則に十分留意され、いやしくも本件のように『さらし者扱い』にするが如き行為のないように十分な配慮を求め警告する」と、警告書を送付した。その後、Ａは、殺人未遂の被疑事実で逮捕された者をマスコミの前でさらし者にするような連行は被疑者の人権を侵害した違法があるとして、東京都に対して損害賠償を求めて提訴した。

⑹　東京地裁1993（平成5）年10月4日判決

前記Ａの提訴に対して、東京地裁は、1993（平成5）年10月4日、警察官が逮捕された被疑者を護送車から下車させ、縄や手錠を隠すことをせずにゆっくりと報道関係者の人垣の中の通路を歩かせた所為が、無罪の推定を受けるべき被疑者の人権に対する配慮を払ったものと言うことは困難であるとして違法と判示している（しかし、時効が成立しているとして損害賠償を認めなかった。判例時報1491号121頁）。この判決からは、無罪の推定を受ける権利侵害の問題というよりは、まさに公衆が集まっている人垣の中を手錠腰縄のままで晒すことが、人間の誇り、人間らしく生きる権利の人格権の侵害と同一次元で理解されるべきであることがわかるのである。

⑺　ヨーロッパ人権委員会の決定

手錠腰縄姿を晒されることがヨーロッパ人権条約3条における非人道的又は品位を傷つけることになると言えるためには、その事例の状況及びその時々の社会通念により判断されなくてはならない。つまり社会的・政治的意識の発展に照らし解釈がなされなくてはならない。ヨーロッパ人権委員会は、手錠をかけ囚人服を着せて市中を通行させた事件で品位を辱める取扱いを否定した（初川満『国際人権法概論──市民的・政治的権利の分析』〔信山社、1994年〕129頁・130頁）。

第6章

病院廊下を手錠腰縄のまま連行された人権侵害
——人間の誇り・人間らしく生きる権利を認める判決

1. はじめに

　1985（昭和60）年8月から10年間の長期にわたり大阪拘置所に勾留されている原告（国賠訴訟の原告。以下「原告」という）は、殺人の共謀犯として起訴されたが、無罪を主張し、大阪地方裁判所で審理が続けられていた。原告は、1990（平成2）年12月に拘置所内で白内障を発症し、失明に近い状態となったが、その後約1年にわたり、手術を受けられないまま放置された。1991（平成3）年12月になって、原告はようやく勾留執行停止によって、大阪赤十字病院で手術を受けることができた。そして、再勾留の直後の1992（平成4）年4月1日、原告は2名の大阪拘置所職員により眼科外来診察のため、大阪赤十字病院に連行され、少なくとも30名程度の眼科外来患者でごった返す廊下・待合室をいきなり手錠腰縄姿で歩かされたのである。異様な連行姿を目の当たりにした外来患者・看護師らはいずれも言葉をなくし、原告と2名の拘置所職員を遠巻きにして避け、原告は好奇の目に身を小さくして耐え続けた。翌日接見した弁護士に対し、原告は、この「衆人環視」で受けた屈辱を涙ながらに訴えたのである。原告

は、この護送行為の違法性を訴え、国賠訴訟を提起した。これに対して、1995（平成7）年1月30日、大阪地裁は原告勝訴の判断をした（以下、大阪地裁1995年判決と略す。LEX／DB27827701）。

　国の上訴について大阪高裁、最高裁はその請求を何れも棄却し、確定した。

2．問題の所在

　「両手錠・腰縄付き連行」は人間をストレートに辱める行為である。このため、国賠訴訟では、未決被収容者の手錠腰縄による護送の違法性が問われた。同時に、人間の尊厳そのものが正面から問われたのでもある。これは、検察庁における手錠腰縄付きの取調べや警察署、拘置所から裁判所への連行、法廷に入り、傍聴人の前に連行される際にも同様である。

　この国賠訴訟は、「衆人環視」の下における行為が公権力による不法行為であるとして賠償を求めたものであるが、「外来患者等に手錠が容易に見え、両手錠・腰縄付きで護送されていることが一見してわかる状態で『眼科外来』の廊下等を連れ歩いたこと」に関して、護送した拘置所の刑務官が原告の名誉等にどの程度配慮する必要があるかが問われた。

　このテーマは、憲法13条における個人の尊厳の尊重規定と、国際自由権規約7条の「品位を辱める取り扱い」規定とがうまくかみ合ったことから判例が生まれたと言える。「人間の誇り、人間らしく生きる権利」は国際人権法の理解から生まれたともいえよう。被疑者・被告人の手錠腰縄による人身拘束が憲法13条と関連して初めて判例が生まれた。この判例が2019（令和元）年5月における大阪地裁判決に続いたことから紹介する（詳しくは、第14章）。筆者がこの事件に取り組む前に捜査検事による検察官室における被告人の取調べの判例がこの判決を導く土台となっている。

3. 検察官室における手錠腰縄の被疑者に対する取調べ[*1]

　判例上検察官室にて被疑者に手錠をかけたままの取調べが違法とされ、自白の任意性が否定されてきたのは、それが密室であっても被疑者が強い精神的苦痛を受けるからにほかならない。この点、最判昭和38年9月13日刑集17巻8号1703頁は「すでに勾留されている被疑者が、捜査官から取り調べられるさいに、さらに手錠を施されたままであるときは、その心身になんらかの圧迫を受け、任意の供述は期待できないものと推定せられ、反証のない限りその供述の任意性につき一応の疑いをさしはさむべきであると解するのが相当である」とした。その後の判例も「このような取り調べ方法は被疑者に卑屈感と自己嫌悪の情を懐かせ、自白を誘導するおそれが多分にある」（東京地判昭和40年5月29日下刑集7巻5号1134頁）、「勾留されている被疑者が手錠を施されたままで捜査官の取調べを受けるときは、その心身に何らかの圧迫を受け、任意の供述をできないのが、通常である」（大阪地決昭和45年6月21日判例時報643号98頁）と指摘しているところからうかがえよう。つまり、被疑者に対してする手錠腰縄の人身拘束自体が、被疑者の人身に卑屈感、自己嫌悪など影響を与えることになるのである。

4. 大阪地裁1995年判決（「人間の誇り、人間らしく生きる権利」）

　「人間の誇り、人間らしく生きる権利」の判例を生んだのは、被告人が白内障を患ったため大阪赤十字病院の眼科に通院したとき刑務官により手

---

*1　山下潔「手錠をかけたままの取調」佐伯千仞編著『続 生きている刑事訴訟』（日本評論社、1970年）。山下潔「手錠をかけたままの取調」判例タイムズ94号1997年8月15日号。

錠腰縄のまま病院廊下を連行された国賠訴訟である。

⑴　第1審原告の主張

　原告は、勾留されてはいるが、刑事被告人として、無罪の判決を受けるまで無罪の推定を受けるものである。したがって、護送者がむき出しの両手錠腰縄付きで公衆の面前を歩かせることは、原告の名誉を侵害し、その尊厳を著しく傷つけるものであり、このような護送行為が憲法13条や国際自由権規約7条等に違反し、違法であることは明らかである。

　原告は、訴状を作成する段階においては、憲法13条本文の個人の尊厳規定を根拠にした。訴訟が係属するなかで、憲法13条本文の個人の尊厳規定が簡潔な条項であることから、国際自由権規約7条の「品位を傷つける取扱い」の規定、憲法13条の内容を充実・補充させ、人間の尊厳保障に関する文献を書証として提出することに努力した。

　日本の裁判官は国際人権規約の活用に習熟していない。時として無視してしまう。また安易な国際人権規約の適用は上訴により破棄される可能性が高い。このような点を配慮し、以下で触れるように自由権規約7条により「補完」の方法をとったのである。

　原告側は、両手錠腰縄の使用の要否を争っているのではなく、その使用に際し、拘置所職員が第三者の目に触れないようにすべきなのにそのような配慮を怠っていたことを指摘し、配慮しようと思えば容易くできたはずであると主張した。

　原告側は、書証として『自由権規約7条のコメンタリー』（マンフレッド・ノバク著）、人間の品位を辱める取扱いに関する国連自由権規約委員会のゼネラルコメント、ヨーロッパ人権条約、オーストラリア憲法裁判所の判例などを提出した。裁判所は、著者からノバクのコメンタリーの原著の提供を受けて実際に解読している。

　原告側は、両手錠腰縄付で看守が病院の廊下を連行したことは憲法13

条の個人の尊厳（人間の尊厳）の侵害であるとして主張した。しかし、憲法13条本文の規定は、「すべて国民は、個人として尊重される」という簡潔な規定であることから、国際自由権規約7条など国際人権諸条約を活用して、憲法13条本文の解釈を補完した。[*2]

　ここで特筆しておきたいのは、人格権の侵害、すなわち「人間の誇り、人間らしく生きる権利」に対する侵害という判示の根拠を考えると、明らかに憲法13条本文の意味内容を補完する意味で、国際自由権規約の考え方を採用しているということである。これらの人権条約を重要な心証形成の資料としたことは間違いないところである。

⑵　第1審被告（国）の主張

　護送した刑務官らは原告の手錠や腰縄をむき出しにして病院内を連れ歩いたのではなく、原告の人権（名誉）に対しても十分に配慮した。すなわち、①手錠（いわゆる両手・前手錠）は、原告が着ていた上着の袖で覆い、人の目には触れないようにした。②腰縄は、その腰部をひと巻きして原告の上着の下で結び、その端を同行したもう1人の刑務官が手の甲に巻きつけたうえ、原告の腰背部に密着させて持ち、これも周囲からはできるだけ見えないようにした。③廊下等では、2名の刑務官が、原告を前後から挟むようにして歩き周囲から手錠や腰縄ができるだけ見えないようにした。

⑶　第1審判決の要点

　第1審判決は、「護送者が手錠等の戒具を使用することはやむを得ないことであり、看守らが、原告を拘置施設外の病院に護送するにあたり、手錠・捕縄を使用したことそれ自体は正当な職務行為であり、何等違法視さ

---

*2　申惠丰『国際人権法』（信山社、2013年）88頁。「憲法と同一内容の条約の人権保障の内容が憲法の規定より広範又は詳細である場合には条約の規定によって憲法解釈の内容が豊富化ないし補強されたとみなし条約規程を憲法解釈の指針とすることが求められよう」。

れることではない。

　しかし、護送に際し手錠捕縄姿を公衆の面前にさらすことは、原告の自尊心を著しく傷つけ、原告に耐えがたい屈辱感と精神的苦痛を与えるものであるから、やむを得ない特段の事情が存在しない限り、そのような護送行為は原告の人格権に対する違法な加害行為たるを免れないというべきである。

　看守らの護送行為、すなわち、原告を、外来患者らに手錠が安易に見え、両手錠腰縄付きで護送されていることが一見して分かる状態で『眼科外来』の廊下等を連れ歩いたことは、原告の人格（人間としての誇り、人間らしく生きる権利）への配慮に著しく欠けるもので、原告の人格権に対する違法な加害行為であるといわなければならない」とした。

　控訴審では、被告国は「手錠捕縄を使用して護送する以上、その使用していることを自然な形で完全に隠すことは不可能である。したがって職員の側が被収容者の名誉等に配慮を全く欠いているような場合のみ違法と解すべきである。また、原告は自ら手錠を上着の下に隠していたと推認できるのであり、手錠捕縄そのものは外部からは見えなかったはずである」などと主張した。これに対して原告側が、手錠は手の自由がきかない構造となっており、原告が自ら手錠を上着の下に隠すことは不可能である、そもそも手錠を他人の目に触れないようにするのは刑務官の責務であり、それを怠っている点が問題なのである。憲法・国際人権規約の規定からすれば、公衆の目に触れる形での手錠腰縄の使用は重大な人権侵害なのであるから、公権力にはその侵害を可及的に防止する義務がある、と主張した。そして、第1審では、ごく限定的な範囲の主張にとどまっていた、本件行為が憲法違反、国際人権規約違反だとの主張を本格的に補充した。

　控訴審は、刑務官の払った配慮についてはやや積極的に評価したものの、国側の控訴を棄却した。手錠が上着の下に隠れてはいなかったことなど、原審の認定事実を基本的に認め、原審と同様、護送に際し手錠腰縄姿を公

第6章　病院廊下を手錠腰縄のまま連行された人権侵害　45

衆の面前にさらすような護送は特別の事情のない限り違法と判断したのである。

5. 大阪地裁1995年判決の意義

　人間の誇り・人間らしく生きる権利の判例は、被告人（原告）が病院内の廊下を手錠腰縄のまま連行され、著しく辱めを受けたことから生まれたものである。問題が残されているのは、法廷内における被告人の手錠腰縄による人身拘束が正面から憲法13条における人間の尊厳を侵し、人格権の侵害と認められるか否かである。

　本件は、憲法論を十分展開する中で、これを補完する意味で国際人権規約を活用した。この意味においてこの大阪地裁の判決は、最高裁においても受け入れられたが、憲法13条における個人の尊厳（人間の尊厳）の具体的内容を明らかにした点において十分意義をもっている。[3]

　特筆すべきは、原告の被侵害利益たる人格権を「人間としての誇り、人間らしく生きる権利」と表現したことである。

　本件行為が憲法違反・国際人権規約違反だとする原告側の主張は、裁判

---

[3]　山下潔「人間の誇り、人間らしく生きる権利」『国際人権条約と個人通報制度』（日本評論社、2012年）。三島聡「人間としての誇り、人間らしく生きる権利　手錠・腰縄姿での護送」季刊刑事弁護９号（1997年）。判例時報1536号113頁。判例タイムズ883号58頁。判例タイムズ941号113頁以下（控訴審）。読売新聞（大阪）1995年１月31日付。
　　同旨、横田耕一「人権の国際的保障をめぐる理論問題」憲法理論研究会編『人権理論の新展開』（弘文堂、1994年）。同旨斉藤正彰「国内裁判所による国際人権法の実現と限界」ヒューマンライツインターナショナル13号（2002年）。
　　この判例は大阪拘置所所長平成28年３月３日「大阪拘置所捕縄手錠及び拘束衣規則」の施行をみた。「被収容者を護送する場合において外来患者等がいる病院の通路その他多数の部外者が居る場所を歩行させるときは、タオルや上衣等で手錠本体を覆い捕縄を上衣の下に使用するなどの方法によりできる限り部外者に捕縄又は手錠が一見して明らかとならないよう措置を講ずるよう留意しなければならない」（４条（４））。山下潔『国際人権法』（日本評論社、2014年）24頁以下。
　　なお、手錠腰縄の姿を撮影したことにより公開されない権利として最高裁判所判決がある（最判平成17年11月10日民集59巻９号24282頁）。

所によって正面から取り上げられることはなかった。また、自由権規約7条における「品位を傷つける取扱」のレベルにも言及しておらず、国際人権規約委員会ゼネラルコメントやビュー（View）においてもストレートに指摘できないことは考慮されたかもしれないが、国際人権法における人間の尊厳の確保の精神は十分に活かされたといえよう。

　筆者は、本判決が確定した後年、第1審の裁判官から「人間としての誇り、人間らしく生きる権利」という言葉が生まれた経緯の一端を聞く機会を得た。必要だったのは、その言葉に踏み込む「勇気」であったという。国際人権法がその「勇気」を与えたことに疑いはない。

　つまり、この裁判においての教訓は、憲法13条の条文を十分究めるのはもちろん、自由権規約7条を含めて国際人権法が憲法13条を補完したことである。こうしたことから「人間としての誇り、人間らしく生きる権利」が生まれることになる。

　この「人間としての誇り、人間らしく生きる権利」の大阪地裁の判例は、控訴審大阪高裁（1996〔平成8〕年10月30日判決、判例タイムズ941号139頁）、上告審最高裁（平成10年4月10日判決）で確定をみたものである。[*4]

---

*4　刑務官職務執行に関する訓令27条によれば、「被収用者を護送する場合において外来患者等がいる病院の通路その他の多数の部外者がいる場合に歩行させるときは、タオルか上着等で手錠本体を覆い腰縄を上衣の下に使用するなどの方法によりできる限り部外者に腰縄又は手錠が一見して明らかにできないよう措置を講ずる」としている。

第6章　病院廊下を手錠腰縄のまま連行された人権侵害　　47

第7章

職業裁判官制度下での裁判員裁判における手錠腰縄

1. はじめに

　日本で戦後市民が裁判官となって判決する裁判員制度が初めて発足した（2009年5月施行）。裁判官でなく裁判員といわれる。この裁判員は6人と裁判官3人で有罪無罪の判決と有罪の場合は量刑も判断する。手錠腰縄姿は裁判員には予断をもつから見せることができないとして、法務省の通知（後掲注3参照）で一定の配慮を行うことになった。しかし、以下に述べるように、裁判官は依然として手錠腰縄姿を見ることができる。裁判官は別格で、手錠腰縄の姿について市民である裁判員は予断をもつということ自体なぜなのか。

　第1に問題なのは、日本の裁判員の裁判制度は世界に類例がないこと。

　第2に問題なのは、日本の裁判官は司法試験に合格し、そのあと裁判官となり社会経験を持たないこと。イギリスのように10年の弁護士の経験を経て裁判官になる制度ではないこと。

　第3に問題なのは、日本の捜査構造と公判構造は当事者主義で、被告人が検察官の対等の地位にありながらの法廷における戒具の使用については、

裁判官は予断をもたず、裁判員として参加する市民は予断を持つという裁判員裁判となっていること。

　しかも、手錠捕縄（戒具）の使用は法律でなく通知で決められていること。裁判官は法廷において手錠腰縄を見ている。傍聴人も法廷において手錠腰縄を見る。被告人にとってこの限りにおいて人間の尊厳の確保の見地や人権の配慮に全く考慮されていないことである。したがって、日本の裁判員裁判は、欧米の陪審裁判制度、参審裁判制度と異なって、公判における被告人の地位は手錠腰縄の使用によって対等でなくなり、職業裁判官は裁判に参加する市民と別格の扱いになっている。はたしてこのような矛盾のある裁判員裁判制度は許されるのか疑問が残る。

　裁判員裁判の対象事件は「死刑又は無期の懲役若しくは禁錮に当たる罪に係る事件」といわゆる法定合議事件のうち「故意の犯罪行為により被害者を死亡させた罪に係るもの（裁判員法２条１項）」である。そして必ず「公判前整理手続」にされる（同法49条）。しかも非公開である。第一回公判手続において起訴状以外は白紙の状態となる、起訴状一本主義もとらないのである。この手続は検察官と弁護人とで手続を遂行する。大切なことは「公判前整理手続」が終結した時には検察官、弁護人の証拠調べの攻防は基本的に終わることになるが、裁判員はこの手続には入らないことになっている。これらの手続が終了すると裁判員は裁判記録を読むことは事実上不可能で、正に「見て、聞いて、わかる」公判となり、これまでの調書裁判は影をひそめて文字通り「直接主義」「口頭主義」が展開されることになる。裁判員は何をするかといえば、①公判に出席して裁判官の審理に参加する、②非公開で有罪・無罪・量刑の評決に参加する、③裁判長の判決宣告に立ち会う。そして刑事裁判はあくまで公判廷内で裁判官、裁判員の心証が形成される。このために連日開廷され集中審理がなされて裁判官、裁判員の判決となる仕組みである。

2. 裁判員裁判の限界

　世界における裁判制度において現在2つの司法制度として陪審制と参審制がとられている。いずれも市民参加の裁判制度である[*1]。日本においては大日本帝国憲法下でも日本国憲法下でもいずれも伝統的に職業裁判制度を採用してきた（日本は1928年から1943年まで陪審制がとられたが）。したがって、日本においては久しく市民参加の裁判制度を採用しなかった。しかし2009（平成21）年5月、裁判員法の制定をみた。陪審制か参審制か論議がなされたが、日本は市民参加の「裁判員」制度となった。

　なぜ英米法系における陪審裁判制度をとらなかったのか。ヨーロッパ系ともいうべき参審裁判制度をとらなかったのか。問題点をあげるならば、

　①日本は自民党政権下において新自由主義の思潮の下に効率性を要求する情勢にありこの潮流が司法制度に反映したこと。このため日本において個人の尊厳を礎とする個人主義が徹底しておらず職業裁判官制度を堅持したこと。

---

*1　欧米では、無罪推定の権利の立場から、およそ日本のような中途半端な制度をとらない。参審制度をとるドイツ、フランス（陪審から参審）、イタリア、スウェーデン、ギリシャ、ポルトガル、フィンランド、ドイツや、陪審制度をとるアメリカ、イギリス、アイルランド、スイス、カナダ、ニュージーランド、ベルギー、スペイン等がある。デンマーク、ノルウェー、スウェーデン、オーストリア等は、陪審参審制度をとっている。国際自由権規約、ヨーロッパ人権条約に基づく無罪の推定の権利など、徹底している（更にEU指令によりEU諸国に対して無罪推定の指針が示されている）ことから、傍聴人が法廷で手錠捕縄姿をみることはないか極めて抑制的である（職業裁判官制度をとっている韓国・オランダにおいても、法廷で両手錠捕縄姿をみることはない）。
　　参考文献として、以下のものがある。
・後藤昭ほか『実務家のための裁判員法入門』（現代人文社、2004年）
・『世界の裁判所』（財団法人最高裁判所判例調査会、1996年）
・大河原真美「ヨーロッパの参審制度・陪審制度についての一考案」高崎経済大学政策学会17巻9号（2015年）
・森谷和馬「国民の司法参加と刑事弁護」自由と正義52巻6号（2001年）
・山下潔＝正木幸博「シドニー陪審裁判無罪評決と市民の感覚」自由と正義54巻12号（2003年）
・朝日新聞2003（平成15）年7月22日号

②職業裁判官制度下における裁判官は、裁判経験を豊富に持ち、法的な知識や判断能力があり、加えて裁判官は公判前整理手続を通して検察官と弁護人の双方の主張と証拠の具体的内容を知り、刑事事件の全体像を把握している。これに反して裁判員は法的知識に乏しいこと。公判前審理手続に全く関与しないために、公判段階のみの部分に入って初めて双方の主張と証拠を知る関係から、明らかに裁判官と市民から選ばれた裁判員とは知識と経験の落差が著しく大きいこと。率直に言うならば、裁判官は検察官と弁護人との間に公判前整理手続において捜査側の作成した供述調書（自白調書を含む）等から既に有罪の心証形成ができていることとなるではなかろうか。

③裁判官と裁判員の有罪無罪、量刑決める評議は一切明らかにされないが、多数決で決められる。全員一致ではないし、3分の2の多数決でもない。単純多数決では議論が尽くされた評決にならないのではないか。とりわけ日本は市民が個人主義に徹底していないことから、職業裁判官に支配される危険がありうるのである。外国の制度においては、ドイツ（参審制）では量刑を不利益に判断するには3分の2の多数決、フランス（重罪法院）では職業裁判官3名、ジュリ（実質参審員）9名のうち少なくとも8名の多数決、イギリス（イングランド、ウェールズ）では陪審員12人のうち10人以上の多数決、アメリカでは陪審員12人のうち12人の全員一致で決められる。

筆者はシドニー事件でオーストラリアの陪審裁判に関与したが、市民の参加の多人数については次のような意見をもつ。

重要なメルクマールは、この市民は職業的裁判官の影響を受けない、支配されない市民の壁が必要なことである。これによって、裁判における市民の直接参加で民主主義が成熟される。オーストラリアの陪審裁判においては、裁判官は訴訟指揮を行うものの、事実認定は陪審員にゆだねられている。したがって、一見裁判官の役割は少ないように思える。しかし、現

実には裁判官は証拠の許容性の判断、証人尋問への介入、陪審員への説示その他訴訟指揮一般等の様々な場面を通じて裁判の帰趨に重要な影響を与えている。つまり、陪審員による有罪無罪の認定に対する裁判官の影響は決して小さいものではないと思料される。陪審制を採用している多くの国が陪審員の数を12名の多数にしているのは様々な経歴・職業の市民からなる陪審員はその社会の構成を反映するものであり、妥当な判断がなされるであろうという想定に立脚している。

　したがって、陪審員12人が12人の人間の壁があり、この壁において職業裁判官に影響を受けていないということである。裁判官の訴訟指揮に影響を受けるのはせいぜい5〜6人ではないだろうか。したがって、偏った訴訟指揮をする裁判官といえども、12人の壁は破られず市民感覚をもって陪審員による保障された裁判が実現する。このようにみてきた場合、個人主義の土俵が十分でない日本社会において裁判員が6名では職業裁判官制度の十分な改革は果たせないことになるであろう。

3．裁判員裁判と手錠腰縄

　裁判員の予断排除のため、法廷における被告人の手錠腰縄について制度化している。

　裁判員法は「……国民の中から選任された裁判員が裁判官と共に刑事訴訟手続に関与することが司法に対する国民の理解の増進とその信頼の向上に資することにかんがみ、裁判員の参加する刑事裁判に関し、裁判所法（中略）の特則その他の必要な条項を定めるもの」であると規定する。

　最高裁の説明では「刑事裁判を国民に身近で分かりやすくすること。国民の司法に対する信頼を向上させること」としている。

　前述したように、この裁判員の刑事裁判法は、司法制度の見地からすれ

ば、第1に、実体は参審制度である。裁判は原則として裁判官3人、裁判員6人の合議で有罪無罪を決め、有罪の場合量刑も決める。手錠腰縄の人身拘束は、市民参加の裁判員制度で配慮されても前述したように不徹底である。しかも、手錠等の実施については法律の規定でなく通知にゆだねている。

4. 裁判員裁判と法廷における手錠等の使用についての通知

日本弁護士連合会は2009（平成21）年6月に、裁判員裁判の法廷における手錠腰縄に関して、最高裁判所と法務省に要望書を提出した[*2]。これに対して法務省より各矯正管区長に向けた通知が発せられている。

法務省矯正局により「裁判員の参加する刑事裁判の法廷における手錠等の使用について」の通知（2009〔平成21〕年7月24日付。法務省矯成第3666号）[*3]がある。

この通知の要旨は、裁判官は職業裁判官であり、法廷において被告人が両手錠腰縄にて入廷退廷しても、被告人の無罪推定などについて有罪の心証を抱かないが、裁判員裁判における裁判員は市民の司法参加であるから、裁判員の面前での被告人に対する両手錠腰縄の人身拘束による予断排除のため、その姿を見せないこととする。しかし、裁判官・検察官・書記官等と傍聴人は被告人の両手錠腰縄姿のまま見ることができるというのである。

---

*2　日本弁護士連合会は、2019（令和元）年10月15日に、「刑事法廷内における入退廷時に被疑者又は被告人に手錠・腰縄を使用しないことを求める意見書」を発表している。
*3　通知「裁判員の参加する刑事裁判の法廷における手錠等の使用について」山下潔『手錠腰縄による人身拘束』（日本評論社、2017年）63頁以下。

5．手錠等の事前解錠の手順

　前記の通知では、裁判員の予断排除のため、事前に解錠する場合と閉廷後に施錠する場合に具体的な手順について規定している。通知の要旨は次のとおりである。

　<事前解錠>の手順

　刑務官は被告人に手錠等を施したまま入廷し着席する。裁判員と裁判官の「裁判体」は法廷前で待機。裁判長は書記官を通じ解錠を指示して刑務官は開錠する。裁判体は法廷に入廷する（傍聴人は被告人の手錠等を施したままの姿を目撃する）。

　<閉廷施錠>の手順

　裁判員の退廷が終わり陪席裁判官の退廷と同時に裁判長の指示で刑務官は施錠し、裁判長は退廷する（傍聴人は被告人の手錠等を施したままの姿を目撃する）。

6．通知の欠陥

　問題の所在はつぎの点にある。法務省矯正局の通知があっても、前記のように傍聴人等が被告人の両手錠腰縄姿を見ることができる。依然として職業裁判官制度においてと同様、被告人が手錠腰縄姿でさらされることになる。裁判官が被告人の手錠腰縄に対して予断をもたない「ドグマ」を裁判員裁判においても踏襲されていることになる。

54

第8章

青砥（出廷拒否）事件

1．はじめに

　この事件では、被告人楠本学氏の法廷における手錠腰縄の人身拘束が正面から取り上げられた。そして、この事件は大きな波紋を生ずることになった。この波紋は、下記のような広がりを示した。

①過料3万円に処せられた青砥洋司弁護士は即時抗告、特別抗告を申立した。

②憲法13条、国際自由権規約7条、10条、その他手錠腰縄に関連する日本国憲法下の法律について、論議が展開された。

③大阪では裁判所、検察庁、拘置所、裁判所が構成する司法事務協議会においても問題とされた。

　このように青砥事件は大日本帝国憲法はもちろん、日本国憲法下において久しく対象にならない問題が、以下の被告人の手錠腰縄に関連する憲法、国際人権法の見地から検討することになった。

④京都地裁、大阪地裁に手錠腰縄の人権侵害のために国賠訴訟を提起する引き金になった。

2．事件の概要

　2013（平成25）年 7 月11日、楠本学氏（1973年 2 月 8 日生）が大阪府警西成警察の警察官公務執行妨害等の罪で起訴された。楠本氏は、徳川時代の罪人がお白州に引き出される様子をイメージするものであるとして自らの自尊心や無罪推定の権利等の確保のため、法廷に手錠腰縄で連行するなら入廷しないと弁護人に述べた。弁護人は憲法13条の人格権に基づき、入廷前と退廷後に解錠・施錠される措置をとるよう法廷警察権、訴訟指揮権で命令されたい旨申し立てた。仮に解錠等ができないなら、入退廷用のドア前に衝立をおいて、手錠腰縄の姿を見せない状態のもとで解錠等の措置をとるよう命令されたい旨申し立てた。以上の点が実現しなければ出廷しない旨、裁判所に伝えた。これに対して大阪地裁13刑事部石井俊和裁判官は、2014（平成26）年11月17日、弁護人青砥洋司に対し出頭在廷命令を出した。青砥弁護士は出頭在廷命令に対する申立書を提出して同年12月 3 日の第 5 回公判期日に出頭しない旨申し出た。裁判官は同年12月 3 日、青砥弁護士に対し出頭しなかった理由を12月 8 日までに書面で裁判所に提出されたいと「事務連絡」をした。これに対して青砥弁護士は「手錠腰縄を施された姿をみだりに他者に見られない裁判は憲法13条が保障する人格権によって保障される」し、弁護人は刑事被告人の自由と権利を守るための手段を講じる憲法上の義務（弁護人としての誠実義務）を負っていることなどを理由とした。これに対して裁判官は、青砥弁護士に対して刑訴法278条の 2 第 3 項に基づいて同年12月 9 日、過料 3 万円の決定をした。これに対して青砥弁護士は同年12月11日、大阪高裁に対して即時抗告の申立てをした。[*1] また2015（平成27）年 2 月26日特別抗告の申立てをし

＊1　大阪高等裁判所平成27年 2 月26日の棄却決定（第 6 刑事部〔裁判長裁判官・笹野明義、裁判官・田中幸夫、裁判官・後藤有巳〕）。

たが棄却された。[*2]

　他方、楠本氏は大阪弁護士会人権擁護委員会に対して本件に関し人権侵害ありとして申告事件として申し立てた。

　　「事実経過によれば、原審は、必要的弁護被告事件において、被告人が公判期日への不出頭を繰り返し、その意向を受けて国選弁護人らも公判期日への不出頭を繰り返したことから、それらの国選弁護人を解任して申立人らを新たな国選弁護人に選任した上、申立人に公判期日への出頭在廷命令を発するなどして、本件被告事件を進行させるための方策を尽くした。にもかかわらず、申立人はその出頭在廷命令に従わなかったのであるから、申立人を過料３万円に処するとした原決定がその裁量を誤ったものなどとは到底言えない。

　　改正法は、刑訴法278条の２第１項において、裁判所が、必要と認めるときは、検察官または弁護人に、公判期日等への出頭、在席又は在廷を命じることができるとするとともに、同条３項において、正当な理由なくその命令に従わなかった検察官または弁護人を、召喚を受けた証人が出頭しない場合の制裁（刑訴法150条）と同様、10万円以下の過料を処することなどができるとした。このような立法目的や既定の内容に照らすと、同条項が、所論指摘の憲法31条、37条３項に反しないことは明らかである（以下省略）」。

＊2　最高裁判所の判断（棄却決定）（裁判長裁判官・大谷剛彦、裁判官・岡部喜代子、裁判官・大橋正春、裁判官・木内道祥、裁判官・山﨑敏充）。

　　「刑訴法278条の２第１項による当事者への出頭在廷命令の実効性担保は、弁護士法上の懲戒制度で十分であり、正当な理由がなく上記命令に従わなかった当事者に対して過料に処することができる旨定める同上の２第３項は、合理性、必要性を著しく欠き、国家権力に介入されない弁護権を行使する弁護人の弁護を受ける被告人の権利を侵害するという。

　　刑訴法278条の２第３項は、正当な理由がなく同条の２第１項による出頭在廷命令に従わなかった検察官または弁護人を10万円以下の過料に処することができる旨規定している。これは、従来の刑事裁判において、一部の事件で当事者による公判廷への不当な不出頭や退廷が審理遅延の１つの原因になっており、刑事裁判の充実、迅速化のためには裁判所の期日の指定等の訴訟指揮の実効性を担保する必要があり、また、連日的、計画的な審理を要請する裁判員制度の導入を機にその必要性が一層高まったとして、刑事訴訟法等の一部を改正によって、新たに裁判所が弁護人らに対して出頭在廷を命ずることができる旨の規定が設けられるとともに、その命令を実行あらしめるため過料等の制裁の規定も設けられたものである。過料の制裁は、訴訟手続き上の秩序違反行為に対する秩序罰として設けられるものであり、弁護士会等における内部秩序を維持するための弁護士法の懲戒制度とは、目的や性質を異にする。そうすると、刑訴法278条の２第１項による公判期日等への出頭在廷命令に正当な理由なく従わなかった弁護人に対する過料の制裁を定めた同条の２第３項は、訴訟指揮の実効性担保のための手段として合理性、必要性があるといえ、憲法31条、37条３項に違反するものではない。このように解すべきことは、当裁判所の判例（最高裁昭和29年（オ）第236号同33年４月30日大法廷判決・民集12巻６号938頁、最高裁昭和28年（秩ち）第１号同33年10月15日大法廷決定・刑集12巻14号3291頁）の趣旨に徴して明らかである（以下、省略）」。

３．大阪地裁による措置請求と大阪弁護士会の対応

　大阪地方裁判所は、2015年（平成27年）７月10日、刑訴法278条の２第５項に基づいて、同弁護士への措置を大阪弁護士会に請求した。大阪弁護士会は、この措置請求に対して、同年11月15日、「弁護士の対応は、刑事弁護人の活動として正当な理由のある活動であった」として、措置をしない旨の決定をし、決定内容を同裁判所に通知した。同時に、大阪弁護士会は、同裁判所に対して、手錠腰縄問題に関して、より柔軟な対応を行うよう是正を求めた。

４．楠本学氏の大阪弁護士会への人権侵害の申立て

　裁判所に手錠腰縄の人身拘束について不出頭をした被告人楠本学氏は、大阪拘置所に勾留の身であるが、大阪地裁13刑事部石井俊和裁判官の法廷における手錠腰縄は人間の尊厳の尊重等に反する人権侵害として大阪弁護士会人権擁護委員会に申立てた。

　大阪弁護士会人権擁護委員会は、①被告人から事情聴取、②平成21年７月24日事前開錠に関する裁判員裁判の通知（法務省矯正3660号）、③東京３弁護士会における裁判員裁判における事前開錠の実施状況（各会長からの回答書）等をふまえ、勾留されている被告人といえども、元来「両手錠、腰縄姿をみだりに他者に見られることのない権利」は、憲法13条の保障する人格権に包含される一内容であり、かかる人間の尊厳が尊重されなければならないことは当然のことである。そして、この理は、手錠腰縄付きで、白昼、病院の廊下を市中引き回しされた被害事件に関する大阪地裁平成７年１月30日判決（判例時報1535号113頁）が、当該行為は「原告の人

格（人間としての誇り、人間らしく生きる権利）への配慮に著しく欠けるもので、原告の人格権に対する違法な加害行為である」と判示し、「両手錠・腰縄姿をみだりに他者に見られることのない権利」が人格権として保障されていることが確認されている。

「未決拘禁者は、無罪の推定を受けるため『刑事手続上、必要最小限の身体拘束を受ける以外は市民生活と同様の保障が必要であり』とくに『法廷においても（検察官と対峙する一方当事者として）有罪判決が確定するまで無罪の推定を受ける者としてこれにふさわしい取り扱いを受けねばならない』（2005年9月16日付の「未決等拘禁制度の抜本的改革を目指す日弁連の提言」参照）。かような見地からは、刑事裁判において被告人は当事者として防御権を行使する主体である以上、被告人の『両手錠腰縄姿を人目にさらすこと自体』が『無罪の推定を受ける者としてこれにふさわしい取り扱い』であるとは到底いえない。

裁判体（裁判員と職業裁判官を含むが、もとより両者を区別すべきではない）にも、被告人において自分の両手錠・腰縄姿をみだりにみられることのない利益は、公平な裁判を受ける権利（憲法37条1項）の一環として位置づけることができる。現代においては、マスメディアやインターネットの発達により、両手錠・腰縄姿の人をみると誰でも『犯罪者』であるという予断・偏見・印象を持つ具体的な危険がある。もとより職業裁判官も例外ではない。公平な裁判を実現するためには、このような予断を極力排除する手立てが講じられる必要があり、そのためには裁判体の面前で被告人が『両手錠腰縄姿』である状態は可及的に排除されなければならない。申立人は、裁判員裁判非対象事件の被告人ではあるが、弁護人らを通じて事前解錠の要望をしていた。この要望にかかる申立人の弁護人ら作成の『被告人の入退廷時における訴訟指揮についての申立書』のとおりである。

よって、本件裁判官に対しては不処遇を相当とする。但し、他の機関（例えば大阪地裁）に要望書を提出し、あるいは法曹三者の協議で再協議する（例

えば司法事務協議会の協議）等の別途措置を講ずる必要ありと思料する」。

第9章 ‖‖

大阪司法事務協議会での法廷における
手錠腰縄の取扱いに関する提案

1. 司法事務協議会の約70年の開催の経緯（1954年から現在まで）

　大阪においては司法の実務に関し、毎年裁判所（地裁・高裁）、検察庁、弁護士会のいわゆる法曹三者と拘置所により、司法事務協議会が開催されている。その結果は実務の指針とされてきた。司法事務協議会が報告されるようになったのは、1954（昭和29）年度から現在に至るまで70年に及んでいる。これは全国の裁判所にはみられないのではないか。

　大阪弁護士会（司法委員会）は、裁判所、検察庁等と対立するような実務については、弁護士会が提案しても了承等の一致点がみられないため、当初からかかる事項は提案を控えてきた。このため、法廷における手錠腰縄の人身拘束についてはこの司法事務協議会において議題にしてとりあげることには消極の歴史があった。しかし、青砥（出廷拒否）事件が生じたことから正式な議題として司法事務協議会に弁護士会から初めて提起された。

　また、裁判所が法廷における手錠腰縄の人身拘束について、既に裁判所等と弁護士会が対立する次元ではない状況が生まれていた。

　1つは、1982（昭和57）年に公道上において警察官により「市中引回し」

62

の手錠腰縄にて連行された（第5章参照）ことが問題化し、司法事務協議会において大阪地方検察庁が「趣旨が理解できるので大阪府警本部等に伝えて検討させる」との回答がされたことである。

2つは、法廷における手錠腰縄の人身拘束が、裁判員裁判で裁判員に配慮されたことと、最高裁が予算の関係で刑訴法287条の実施ができないことから通達を出していることである。

2. 大阪弁護士会による初めての法廷における手錠腰縄に関する提案と裁判所等の対応

⑴ 大阪弁護士会の2015（平成27）年度提案

2015（平成27）年11月20日、平成27年度司法実務協議会が開催されたが、大阪弁護士会は初めて協議事項として、「法廷における手錠腰縄」問題を提案した。提案事項は以下である。

①全ての刑事裁判において、被告人が、裁判官・裁判員・傍聴人から両手錠腰縄姿を見られないように現行の運用を改められたい。

②（理由）　裁判員裁判では、勾留中の被告人の両手錠腰縄を解錠してから、裁判官と裁判員が入廷する運用となっている。これは、刑事裁判において、被告人が、外見による予断から解放され、公正な判断を受けるためには、被告人がきちんとした身なりを整え、手錠腰縄を外された状態で判断者の前に現れることが重要という無罪推定の原則、適正な裁判手続の保障に配慮して導入された運用である。

法廷において被告人の両手錠腰縄姿を裁判官及び傍聴人の面前にさらすことは、憲法（13条、31条等）、自由権規約（7条、10条、14条2項）違反であると考えられ、全ての刑事裁判において、被告人が両手錠腰縄姿を裁判官（裁判員）・傍聴人から見られないようにする必要がある。

さらに、2016年（平成28年）2月8日、つぎの補足説明をした。

第9章　大阪司法事務協議会での法廷における手錠腰縄の取扱いに関する提案　63

2016年（平成28年）2月8日

司法事務協議会各位殿

腰縄付両手錠問題（補足説明）

大阪弁護士会選択議定書批准推進協議会

座長　山　下　　潔

1　刑事訴訟法287条1項「公判廷においては被告人の身体を拘束してはならない」

裁判官による開廷宣告から閉廷宣告

2　裁判員裁判における開錠

大阪拘置所の見解　裁判員に予断を抱かせないための開錠

3　問題の所在

（1）法廷の入口から被告人席に座るまでの腰縄付手錠（距離約10米内外）

（2）腰縄付両手錠は、憲法13条（個人の尊厳）、国際自由権規約7条（品位を辱める取扱）の確保（人間の誇り、人間らしく生きる権利の判例）、国際自由権規約14条Ⅱ項の「無罪の推定を受ける権利」の確保の要請、被告人の人格権と無罪の推定を受ける権利という被侵害利益と逃亡の恐れの防止（戒護権）と衝量し、必要性・相当性があるか。

4　問題の解決

（1）刑事収容施設及び被収容者等の処遇に関する法律

78条（捕縄、手錠の使用）

「刑務官は被収容者を護送する場合……捕縄又は手錠を使用することができる」

（2）看守2名が法廷の入口において「ツイタテ」にて腰縄付両手錠を開錠する方法

これらの提案に対して、裁判所と拘置所からつぎの回答があった。

⑵　地方裁判所の回答

　身体を拘束された被告人の手錠、腰縄の解錠、施錠をどのようにして行うかは、刑訴法287条1項が定めるほか、受訴裁判所の訴訟指揮権ないし法廷警察権に属する問題ではあるが、被告人の戒護上の問題もあり、全事件で御要望のような運用を行うことは困難である。

⑶　拘置所の回答

　警備上の問題から手錠等の取扱いを変更することは予定していない。補足説明書2項につき「大阪拘置所の見解」とあるが、裁判員裁判において開廷前に被告人の手錠等を外す事前開錠の運用は、日弁連、裁判所、検察庁及び法務省において協議の上、全国一律の取扱いを決めたものである。前記補足説明書4項（1）につき、刑事収容施設及び被収容者等の処遇に関する法律78条が、手錠等を「使用することができる」と規定しているのは、例えば傷病による被収容者の緊急搬送等、手錠等を使用できない事態を考慮したからであり、手錠等が使用できるのに使用しないことを許容するものではないと考える。

　法廷における手錠腰縄の人身拘束問題を提案することについて大阪弁護士会刑事弁護委員会（鈴木一郎副委員長）が支持したことは大きな前進であった。大阪高等裁判所大会議室（本館2階）において開催された（菅野博之大阪高裁長官、現最高裁判事出席）。大阪弁護士会選択議定書推進協議会から補足説明をしたが、これが1994（平成6）年になって40年ぶりに正式に問題の焦点を提起したことになる。

第9章　大阪司法事務協議会での法廷における手錠腰縄の取扱いに関する提案　　65

３．大阪弁護士会の２０１９（令和元）年度提案

⑴　大阪弁護士会の提案

（提案項目）

　すべての刑事裁判において、身体拘束を受けている被疑者・被告人の手錠等を施された姿を裁判官・傍聴人らの目に触れさせないための、①法廷の被告人出入り口の扉の直ぐ外で手錠等の着脱を行うこととし、手錠等を施さない状態で被告人を入退廷させる方法、②法廷内において被告人出入口の扉付近に衝立等による遮へい措置を行い、その中で手錠等の着脱を行う方法、③法廷内で手錠等を解いた後に傍聴人を入廷させ、傍聴人を退廷させた後に手錠等をほどこす方法等、事案に応じて、①ないし③等の適切な措置を求める。これらの適切な措置をとるために、裁判所と刑事施設は、被告人の個別具体的な逃亡・自傷・他害等のリスク評価リストを作成する等、双方との意見交換、情報収集のための事務手続を整備すること、裁判所は、これら意見交換、情報収集を踏まえて弁護人と協議すること、そのうえで解錠及び施錠のタイミングや場所に関する具体的方法について、刑務官に指示されたい。

　上記の措置に必要な人員配置・衝立等物的措置の整備を求める。

（提出理由）

　裁判員裁判以外の刑事法廷において、入廷時及び退廷時、被疑者・被告人には一律に手錠・腰縄が併用され、その姿が裁判官・傍聴人などにさらされている。

　しかしながら、現行運用は、人格的利益として法的保護に値する法廷において手錠等を施された姿を見られたくないという被疑者・被告人の利益ないし期待への配慮を欠く。

　被疑者・被告人の個人の尊厳の保持及び対等当事者としての地位、無罪

推定の権利並びに防御権の保障・確保等から、被疑者・被告人の利益ないし期待を尊重し、手錠等の施された姿を見られないような方法がとられるべきである。

大阪高裁管内において、被疑者・被告人の人格的利益に配慮し、法廷において手錠等を施された姿をみられない措置がとられた事例が複数存在しており、今後このような措置が一般化されることが望ましい。

以上から、適切な措置、関係機関・弁護人の協力態勢の整備を求めるものである。

(2)　地方裁判所の回答

身体を拘束された被告人の手錠、腰縄の解錠、施錠をどのように行うかは、刑事訴訟法287条1項が定めるほか、裁判長又は裁判官の訴訟指揮権ないし法廷警察権に属する事項であるため、回答は差し控える。

なお、裁判長又は裁判官は、勾留中の被告人等の手錠の解錠時期、方法等につき、通常、事件の性質や内容を踏まえた上で被告人側の事情や被告人等の逃走防止等の観点について考慮し、判断しているものと思料する。また、この問題が戒護権等を有し、戒護の責務を負っている拘置所等、収容施設との調整も要する問題であると承知している。

(3)　拘置所の回答

手錠の使用については関係法令に基づいて実施している。裁判所から、戒具を施された被告人の姿を傍聴人の目に触れさせることは避けるべきであると判断される事件については、事前に相談いただいている。

平成5年矯正局長通知に刑事法廷における戒具の使用について定めがある。個別の案件に応じて裁判所と協議の上、障壁を設ける方法、若しくは傍聴人の入る時間を調整する方法で対応している。

⑷　弁護士会等の意見

　様々な点を考慮して裁判官の訴訟指揮に基づき判断されていることは承知している。

　ただ、申入れを求めた場合に逃走防止を考慮し、人員配置や物的設備が不十分という理由で申し出が認められなかった事例があるため、個々の裁判体で適切な判断がされるよう人員配置や物的設備の措置を進めていただきたい。

　また、拘置所においては裁判所と協議し、②、③の方法を取っていただいていると承知しているが、申入れをした弁護人からは協議されているか不明であることがほとんどであるため、裁判官においては、協議されたか、申入れが受け入れられない理由を必要な範囲で説明いただきたい。

4．大阪弁護士会の2020（令和2）年度提案

⑴　大阪弁護士会の提案

（提案項目）

　①弁護人から被告人の手錠腰縄姿が晒されないような適切な訴訟指揮をとるように申入れたことに対して措置を執るかどうかについて、必ず応答されたい。

　②措置を執られない場合、その理由について説明されたい。

　③大阪高裁管内において、弁護人からの申入れ件数、措置が取られた件数、措置が取られなかった件数、措置がとられなかった件数のうち人的設備（配置する人員不足）・物的設備（遮蔽等の不足）を理由に措置がとられなかった割合について明らかにされたい。

　④拘置所におかれては、手錠腰縄姿を見せない措置を取ることができるよう必要な人員を配置されたい。

（提出理由）

　①法廷において手錠等を施された姿を見られたくないという被疑者・被告人の利益は人格的利益として法的保護に値する。したがって、弁護人からの申入れに対しては、原則として手錠腰縄姿を晒さない措置がとられるべきである。

　しかしながら、大阪高裁管内において、弁護人から被告人の手錠腰縄姿が晒されないような適切な訴訟指揮を執るよう申し入れたことに対し、何らの応答のない事例が見受けられた。

　措置をとるかどうかは被疑者・被告人の法益に関わることであり、被疑者・被告人に連絡し、取らない場合には、その対応を協議する必要がある。

　②措置を取らない理由がわからなければ、裁判所の判断の理由を被告人に説明できず、被告人の権利を擁護するのに支障がある。

　③弁護人からの申入れに対し、本件についてだけ対応できない、人的物的整備が困難である等の理由により措置が取られない事例がある。人的物的設備の不足は、個々の裁判体の適切な措置に支障をきたすものである。また、これは、個々の裁判体だけでは対応できない事情であり、施設管理全体にかかわる問題である。被告人の権利保護のためにも改善を求めたい。そのためには、まず、裁判所において、弁護人からの申入れの件数、措置の有無等を把握し、人的物的設備の不足について把握されているのかを明らかにされたい。

　④拘置所におかれては、今後裁判所が人的設備（人員の不足）の不足を理由として措置がとれないということがないよう、必要な人員を配置されたい。

⑵　地方裁判所の回答

　裁判所から現在確認作業中である旨回答があった。

第10章

法廷における手錠腰縄の人身拘束と憲法13条

1. はじめに

　法廷における手錠腰縄の問題は、手錠腰縄の人身拘束自体が憲法13条の個人の尊厳の尊重にかかわり、人格権の侵害として憲法13条の理解を深めることに尽きるといってもよい。法廷における手錠腰縄について、第1に憲法から検討しなければならないのは、憲法13条の規定を理解することである。人の生命・身体・自由・名誉・氏名・貞操・信用など人格的利益は、財産的な利益とともに他人の侵害から保護されなければならない。これらを違法に侵害することは不法行為となる。このような法的保護の対象となる人格的利益を人格権と呼ぶ。民法は710条で例示的に身体・自由・名誉のみとある（『有斐閣法律学小辞典』〔有斐閣、1972年〕510頁）。

　芦部信喜教授は人格権を「各人の人格に本質的利益の総体」といわれる。[*1]井上茂教授は、「人間が人間であることのゆえにもっている権利である。

[*1]　憲法13条については、つぎの文献を参照した。芦部信喜『憲法〔第3版〕』（岩波書店、2002年）。同『憲法叢説2人権と統治』（信山社、1995年）。澤登文治『受刑者の人権と人間の尊厳』（日本評論社、2019年）435頁以下。ホセ・ヨンパルト『法の世界と人間』（成文堂、

日本国憲法および民法で最重要視されている『個人の尊厳』は、個人が人間であることのあかしとして、その人間としての尊厳性が最高に重視されるべきことを明示するものである」と人格権の本質を指摘する。そして、この人格権がある否や検討されなければならない。このことは第13章に述べるが京都地裁・大阪高裁と大阪地裁の国賠訴訟において、憲法13条の適用があるかないか問われた。

2. 憲法13条の規定 (個人の尊厳の尊重)

憲法13条の1項前段は、「すべて国民は、個人として尊重される」と規定している。前項後段は、「生命、自由及び幸福追求に対する国民の権利については、公共の福祉に反しない限り、立法その他の国政の上で、最大の尊重を必要とする」と規定しているが、前段は公共の福祉により制限されるものではないことは明文上明らかである[*2]。これは、個人の尊厳（人間の尊厳）の原理を述べたもので、憲法の基本的原理の一つであり、実定法上はすべての法的秩序に対する原理規範として意味をもつといわれている。

2006年）。山下潔「憲法13条と個人の尊厳の法理」山上賢一博士古稀記念論文集編集委員会『21世紀の法・福祉〔山上賢一博士古稀記念論文集〕』（中央経済グループパブリッシング、2002年）。

佐藤幸治教授は近代法の根本原理であり「1人ひとりの人間が『人格の担い手として最大限尊重されなければならない』といえる」（『憲法〔新版〕』〔青林書院、1990年〕403頁）。井上茂『人権叙説』（岩波書店、1984年）。

また、芹田健太郎教授は、「人間の尊厳は人間の究極的理念である。個人の尊重は人間の指尊理念として日本国憲法の人権体系の頂点に立つものであり、他の人権規定は個人の尊重という原理の具体化として位置づけられる」（芹田健太郎『国際人権法』〔信山社、2018年〕9頁）。恒藤恭「個人の尊厳―自由の法理との連関から見た個人の尊厳について」尾高朝雄教授追悼論文編集委員会『自由の法理〔尾高朝雄教授追悼論文編集〕』（有斐閣、1963年）。

*2 憲法13条の1項前段と公共の福祉との関係については、つぎの文献を参照した。神谷義郎「憲法13条の理解に関する私見」法政論叢12巻（1976年）1頁。粕谷友介「憲法13条前段　個人の尊重」法学教室89号（1980年）。抱喜久雄「非列挙基本的人権の保障根拠としての13条前段について」法と政治31巻1号。戸波江二「幸福追求権の構造」公法研究58号（1996年）。永井憲一編『戦後政治と日本国憲法』（三省堂、1996年）。

個人の尊厳に対する侵害は同時に何らかの基本的人権の侵害を含み、また、何らかの基本的人権の侵害は個人の尊厳の侵害となる。[*3]

刑事手続上、被拘束者の名誉は可能な限り尊重され、その規制は必要最低限でなければならないことは、各法規に明記されるとおりであって（刑訴法196条、警察法2条、警職法1条）、当然の原則である。

手錠腰縄姿の人身拘束が、被疑者、被告人の尊厳を傷つけ、屈辱を与えるかについては、多言を要しないであろう。

これを二面から見てみよう。まずは被告人から見てみる。法廷において手錠腰縄の姿をさらされた被告人の多くは、「恥ずかしい」「罪人と思われている」「家族等に見られて大きなショックを味わった」「辛い思いになる」と感情を抱く。短い時間とはいえ手錠腰縄姿は衝撃的に注視の形で目に焼き付くからである。

次に、傍聴人から見ると、先ほどの裏返しとして、法廷における被告人の手錠腰縄姿は「被告人が罰せられているように思える」「犯人の扱いにされている」「晒し者にされている」「見てはいけないものを見た」などとなる。

3. 世界における人間の尊厳の規定

個人の尊厳を認めて、これを擁護することに努力すべきであるとする実定法の法理で明らかにされたのは第2次世界大戦が終結した時からである。

① 国際連合憲章前文
「基本的人権と人間の尊厳及び価値（The dignity and worth of the hu-

---

*3　玉蟲由樹『人間の尊厳保障の法理──人間の尊厳条項の規範的意義と動態』（尚学社、2013年）。

man reason）と男女及び大小各国の同権に関する信念を改めて確認する」。

② 世界人権宣言前文

「人類社会のすべての構成員の固有の尊厳と平等で譲ることのできない権利とを承認することは世界における自由正義及び平和の基礎である」。

③ ユネスコ（国際連合教育科学文化機関）憲章

「文化の広い普及と正義・自由・平和のための人類の教育とは人間の尊厳に欠くことのできないもの」。

④ ドイツ憲法第１条

「人間の尊厳は不可侵である。これを尊重し且つ保護することはすべての国家権力の義務である」。

⑤ 民法第２条（旧民法１条の２）

「この法律は、個人の尊厳と両性の本質的平等を旨として、解釈しなければならない」。公法としての憲法13条と私法としての民法２条とともに個人の尊厳の尊重は共通の原理である。

⑥ 医療法第１条の２と４

医師は生命の尊重と個人の尊厳を保持することを旨とし……良質かつ適切な医療を行うようにしなければならない。

4．憲法13条と国際自由権規約７条「品位を辱める取扱い」の関係

憲法13条は個人の尊厳の尊重を規定しているが、日本国憲法の構造からみると基本的人権尊重主義の根源規定といってよい。個人の尊厳の尊重は自由、平等の権利を生むといってよい。他方、国際自由権規約７条の規定は国際人権規約の構造からみて絶対奪うことのできない権利であり、ユスコーゲンス（強行規定）といわれているのである。

法廷における手錠腰縄の人身拘束は正に憲法13条と国際自由権規約７

条の規定に抵触することになる。両者は憲法や国際人権法の最も重要な規範であるとともに後者が前者を補完し、豊富にすることによって人格権の侵害がより明確となる関係にある。

　要するに、法廷における手錠腰縄の問題は廃止の潮流にあり日本はもちろん世界において問われている共通の問題であるといえよう。

第11章 ||||||||||||||||||||||||||||||||||||||||||||||||||||||||||||||||||||||||||||||||||||||||||||||||||||||||||||||||||||||

憲法31条「適正手続の保障」と手錠腰縄問題
——被告人の防禦の権利と法廷における手錠腰縄

1. 法廷における手錠腰縄と被告人の防禦の権利

　法廷における手錠腰縄問題は憲法31条が保障する被告人の防禦の権利と関係があるのではないか。憲法13条とともに重要な問題である。

　憲法31条は「何人も、法律の定める手続によらなければ、その生命若しくは自由を奪われ、又はその他の刑罰を科せられない」と規定する。短い規定であるが深い意味があるのではないか。以下で検討する。

(1) 適正手続と被告人の防禦の権利

　法の支配は個人の権利保障について憲法第3章にみられる。明治憲法下の「法律の留保」や天皇大権の権利の制限が全て排除された法の定める内容や手続の適正については、憲法31条によって、法の支配の中核をなす手続的正義が具体化されるという。[*1] この規定は条文をみると「適正な」「妥当な」「正当な」「合理的な」という構成要件要素は存在しない点において、

＊1　和田英夫編著『現代憲法の体系』(勁草書房、1991年)。

英米法におけるストレートな適正手続の規定とはいえないのである[2]。しかし、法律の定める手続においても、対象が「生命」と「自由」であることから、法律によりさえすればどのような手続を定めても良いという趣旨と解すべきではなく、適正な手続によって奪われないことも必然であろう[3]。

　つまり、「法の定める手続とは、形式的意味の法律で定められれば、どんな内容の手続でも構わないという意味で解すべきではない。それはアメリカ合衆国憲法にいう『正当な法律の定義（due process of Law）』と同じ意味に解すべきである。正当な法律手続とは公正な手続あるいは公正と賢明の最低限度の水準を満足させる手続を意味すると解されている。日本国憲法の法律の定める手続もこれと同じ意味と解するのが正しい」。

　「法文では手続が法律で定められることを意味するにとどまっているように読める。しかしそれだけでなく、①法律で定められた手続きが適正でなければならないこと、②実体もまた法律で定められなければならないこと（罪刑法定主義）、③法律で定められた実体規定も適正でなければならないことを意味すると解するのが通説である」[4][5]。

---

*2　田中英夫『デュー・プロセス』（東京大学出版会、1987年）。アメリカ合衆国憲法修正第５条「何人も法の正当な手続（due process of law）によらなければ生命、自由、または財産を奪われない」。同14条１節は50州中30州についても同様の規定がある。田中教授は英米法と日本国憲法との異同について詳しく論及される。

*3　鵜飼信成『憲法』（岩波書店、1984年）。明治憲法下の日本の政治的権力はその残酷さの暗い記録を残しているのであるから、新しい憲法が執拗なまでそのような自由の侵害における保障の規定を設けたということは理由のないことではない。そして刑事被告人の権利の一環として弾劾主義の採用をあげている。明治憲法下の刑事裁判の手続で被告人の権利・利益の保護よりも犯罪を糾明し厳正な刑罰を科するというところに重点がおかれ、その結果糾問主義の色彩が強かった。現行憲法は英米式の弾劾主義をとり、裁判所は犯罪を弾劾する検察官と自己の権利を防衛する被告人に立って公平な第三者として何らの予断なしに裁判をするという観念を確立した。憲法37条はこのような観念を基礎とした刑事被告人の権利として３つがある。

*4　宮沢俊義『憲法Ⅱ〔法律全集４〕』（有斐閣、1959年）399頁、伊藤正巳『憲法の研究』（有信堂、1965年）、芦部信喜（高橋和之補訂）『憲法〔７版〕』（岩波書店、2019年）。

*5　砂川事件の伊達判決（東京地裁昭和34年３月30日判決）は憲法31条の「法律の定める手続きの要件」は適正な手続と解し、その上実体法上の合理性の要請を含む「適正」という法概念は不当な過重な刑罰（不均衡な刑罰）規定を合理性をもたないとして排斥する。橋本公亘『憲

(2) 主体的な防御活動の保障と適正手続

　この内容を明らかにするには、憲法32条以下の諸規定をみる必要がある。32条が「裁判を受ける権利」を規定し、37条1項が「公平な裁判所の迅速な公開裁判を受ける権利」を規定していること等から、憲法の求める刑事手続とは、当事者主義的訴訟構造を前提にしており、被告人が一方当事者として主体的に防御活動することを認める刑事手続である。したがって、憲法31条の手続も、被疑者、被告人の一方当事者としての主体的な防御活動の保障の実現を中核とするものであり、これが侵害されていれば「適正な刑事手続」違反となる。

　「近代憲法の下における刑事手続法の不可欠な内容としては、いわゆる『告知・聴聞（あるいは「告知・弁解・防禦」)』の機会を与えなければならない原則である」。これは、最高裁大法廷判決昭和37年11月28日いわゆる関税法118条1項についての判例（刑集19巻11号1593頁）である。

　最高裁判決は第三者の所有物を没収する場合、この所有物を所有者に対して何ら告知・弁解・防禦の機会を与えることなくその所有権を奪うことは適正な法律手続によらない財産権の侵害となり、憲法31条、同29条に違反するとしている。

　憲法31条に対する最高裁判所の見解であるが、実務では弁護人から憲法31条違反である旨主張する上告趣意は少なくないといわれている。

2. 防禦する権利から導き出す手錠腰縄に晒されないで出廷する権利・法廷における手錠腰縄したまま晒されない権利

　このように、被告人には手錠腰縄に晒されないで出廷する権利と、被告人は法廷における手錠腰縄したまま晒されない十全な防禦する権利が憲法

　法〔現代法律学全集2〕』（青林書院新社、1972年）、清宮四郎『憲法要論』（法文社、1954年）。

31条から導き出せ、保障される。

　この被告人が手錠腰縄を晒されないで出廷する権利と法廷における手錠腰縄で晒されない権利が認められなければ、被告人は検察官と並ぶ刑事手続の一方当事者として、検察官と対等に自らの意思決定を抑圧されることない、主体的な防御活動の保障が実現されない。正に「適正な刑事手続」が保障されるのである。

　明治憲法下における刑事訴訟の構造は、予審を含めて糺問主義、職権主義的構造を土台にしていたのである。しかし、日本国憲法においては、人身の自由の憲法上の保障により、刑事訴訟法の構造は当事者主義の構造をとり、[*6]被告人の権利（弁護人依頼権、黙秘権、起訴状一本主義、訴因制度、伝聞証拠の禁止など）の規定がおかれたのである。捜査構造から公判構造は明確に区別されて、公判構造の初めは白紙の状態である。このような訴訟構造で公判では被告人に対して、刑事訴訟法287条を超えて手錠腰縄による拘束はしてはならないのである。憲法31条に基づき、被告人の防禦のために自由意思で弁論する「防禦の権利」が保障されなければならないのである。[*7]

＊6　佐藤功『日本国憲法概説〔全訂第４版〕』（学陽書房、1991年）。

＊7　井戸田侃「刑事訴訟手続と憲法31条」立命館法学15号（1956年）、松尾浩也『刑事訴訟の原理』（東京大学出版会、1974年）。

第12章 ||||||||||||||||||||||||||||||||||||||||||||||||||||||||||||||||||||||||||||||||||

国際自由権規約と法廷における
手錠腰縄
――国際人権条約は国内法であり裁判官は法的に拘束される

1. はじめに

　法廷における手錠腰縄の問題は、国際人権法からも理解を深めることが
大切である。とりわけ国際人権法の中で国際自由権規約 7 条（品位を傷つ
ける取扱い）は絶対奪うことのできない権利であることから、法廷におけ
る手錠腰縄の問題を検討するにあたっては必要不可欠といえよう。1946
（昭和21）年に日本国憲法が制定された後、1978（昭和53）年、日本は、
以下で詳しく触れる国際自由権規約（以下、B規約と略す）、国際社会権規
約（以下、A規約と略す）を条約として批准した。この条約は憲法につぐ法
規範であり、法律より上位のものである。

　重要な問題は、多くの人が国際人権規約（条約）が国法であることを知
らないことである。その上に、裁判所が国際人権法としての国際人権規約
を積極的に適用せず、ほとんど無視に近い年月が経過していることである。

　しかし、国際人権法としてのB規約が国内法であることに変わりはなく、
憲法13条の規定の内容を補完し豊富にする法規範の一つとして重要であ
る。

憲法76条3項は「すべて裁判官は、その良心に従ひ独立してその職権を行ひ、この憲法及び法律にのみ拘束される」と規定しているが、この「法律」には、当然に条約が入り、国際人権規約が裁判官を法的に拘束するのである。しかし、このことを最高裁判所以下の裁判所の裁判官が遵守していないという実情がある。したがって、以下では、長くなるが国際人権規約の十分な理解を得るために、改めて国際人権法の見地から手錠腰縄について述べることとする。

2．国内法としての国際人権規約——憲法より下位規範、法律より上位規範

⑴　日本国憲法と国際人権法

日本国憲法は国民の基本的人権として31条ないし38条において国家権力に対する人身の自由を保障している。このため、刑事訴訟法はこの憲法上の原則にそった刑事手続を定めている。

一方、国際人権法は世界人権宣言、国際人権規約を中心とする条約関係の法体系である。また、国際人権原則などの国際人権基準は、国際人権を伸長する見地でみるならば、国際慣習法に発展する可能性があることから、これに含まれるものである。こうした国際人権法体系において、普遍的な人権として人間の尊厳、平等の尊重など本質的な権利の深化により権利の伸長が要求されている。そこで、国際人権法の法体系を知るためには国際人権法の制定経過を知ることが大切である。

⑵　国際連合憲章から国際人権規約（条約）

国際連合憲章は1945（昭和20）年6月26日、51か国が参加した国連総会で採択され、同年10月24日に効力が発生した。日本は1952（昭和27）年6月国会で承認し、国連に加盟申請して1956（昭和31）年12月効力が

発生した。この国連憲章の承認は、国内において個人が保障される基本的人権が国境を越えて国際的にも保障されなければならないことを意味する。国連憲章は前文で「基本的人権と人間の尊厳及び価値」をあらためて確認し、第1条3項は「人権、性、言語又は宗教による差別なくすべての者のために人権及び基本的自由を尊重する」よう助長奨励することについて国際的協力を達成することとしている。

国連総会（第3回）は、1948（昭和23）年12月10日、46か国により世界人権宣言を全会一致で採択した。世界人権宣言は各国の憲法、法律、条約などの成立や、裁判規範として、人権確立の指標として戦後76年を経過した現在においても、大きな役割を果たしている。条約でないものの、その解釈基準となり慣習法としての効力をもつに至っているのであり、国際人権法の母体をなすといえよう[*1]。

ついで、国連総会は1966（昭和41）年12月国際人権規約を採択した。国際人権規約は、A規約とB規約とB規約の選択議定書から成り立っている。A、B両規約は1976（昭和51）年1月、同年3月に効力が発生した。日本は、1978（昭和53）年国際人権規約を批准したが、B規約選択議定書を批准していない。選択議定書には人権を侵害された個人が国際機関に通報し、審議する手続が決められている。

(3) 国際人権規約（条約）と国内法の関係

この国際人権規約は国内法として存在するのか否か。

一般に国際法は国家の行為を規定し、国内法は、国家の市民、公務員（機

---

*1　申惠丰『国際人権法』（信山社、2013年）、岩沢雄司『条約の国内適用可能性』（有斐閣、1985年）、伊藤正己「国際人権法と裁判所」国際人権創刊号（1990年）7頁、中村睦男「現代国際社会と条約の国内法的効力」佐藤幸治ほか『ファンダメンタル憲法』（有斐閣、1994年）、宮崎繁樹編『解説　国際人権規約』（日本評論社、1996年）、水野陽一「ヨーロッパ連合における刑事訴訟の共通基準について」廣島法学35巻2号（2011年）、伴公夫「国際法におけるJus cogens」法政論叢20巻（1984年）、トーケル・オブサールほか『国際人権自由権規約入門』（明石書店、1994年）、北村泰三『国際人権と刑事拘禁』（日本評論社、1996年）。

関）の行為を規律するものである。当該国家が、国際法（条約）に違反する国内法をもち、これを国家が修正しない場合、当該国家の裁判所、公務員、市民は、この国内法によって拘束されるのか、それとも国際法（条約）によって拘束されるかどうかが問題となる。例えばイギリス憲法（不文法）は、条約の締結権限は国王にあるが、それを国内的に実施するためには原則として議会による制定法が必要とされている。

　日本国憲法は、その98条2項において「日本国が締結した条約及び確立された国際法規は、これを誠実に遵守することを必要とする」と規定している。ここでは、条約と憲法や法律の国内法規等の効力関係を明らかにされていないが、学説の多数は、条約が法律より優位にあることを認めている。つまり、日本はイギリスのように、条約は、その締結以外に特別の立法を要することなく国内裁判所で直接適用しうる法源として自動執行力（self-executing）があるものとされている。[*2]

　このように、条約が国内法としての規範とされていることから、裁判所はこの「法」としての条約に拘束されることを意味する。

　ここに国際人権規約が国内法の法規範として憲法、条約、法律として位置づけられる。

　この点に関して、1982（昭和57）年、国連自由権規約委員会において、日本政府代表は「裁判所が、法律と条約が矛盾すると判断した場合、条約が優先し、関連の法律は無効とされるか修正されなければならない」と発言している。

＊2　山下潔「定住外国人と国際人権法」定住外国人と家族法研究会編『定住外国人をめぐる法律上の課題』（日本加除出版、1991年）42頁以下、大阪弁護士会選択議定書推進協議会『国際人権条約と個人通報制度』（日本評論社、2012年）、部落解放・人権研究所『国際人権規約と国内判例』（解放出版社、2004年）、斉藤正彰「憲法と国際規律」『国内裁判所と国際人権規約の実施』（信山社、2012年）。

⑷　国際人権法と日本の裁判例

　日本の裁判例をみると、世界人権宣言、Ｂ規約など国際人権法が裁判に登場している。裁判所が国内法として適用して判断を示しているのは、外国人の人権に関して顕著である。[*3]　特に、在日韓国朝鮮人の指紋押捺、外国人登録証常時携帯等がそれである。この場合、Ｂ規約２条、７条、26条などが問題とされている。

　国際人権規約の裁判例を列記すれば以下のとおりである。

① 外国人登録法違反事件（クノルド・モリカワ事件）／横浜地裁1984年６月14日判決・判例時報1125号97頁、判例タイムズ530号282頁、行政判例37巻３号459頁

② 外国人登録法違反被告事件（韓宗碩〔ハンジョンソク〕事件）／東京地裁1984年８月29日判決・東京高裁昭和61年８月25日判決・判例時報1125号102頁、判例タイムズ534号98頁、判例時報1208号66頁

③ 外国人登録法違反被告事件（韓宗碩〔ハンジョンソク〕事件）／大阪高裁1988年４月19日判決・判例時報1301号85頁

④ 外国人登録法違反被告事件（張振海事件）／東京高裁1990年４月20日決定・判例時報1344号35頁

---

*3　シルビア・ブラウン・浜野ほか「市民的及び政治的権利に関する国際規約の解釈」立命館国際研究４巻２号（1991年）。
　　シルビア・ブラウン・浜野は次のようにコメントしている。
　　「ヴォランヌ事件においては、明らかに根拠が薄弱で、規約違反は認定されなかったが、そこで規約人権委員会が判示した認定基準は重要である。品位を傷つける取扱い又は刑罰は、辱め又は卑しめの程度が一定の程度を超えることが必要であり、拘禁の場合は、単なる一時的な自由の剥奪のみでは足りない。厳しさが一定の程度に達しているか否かを判断する際に考慮すべき要素としては、とりわけ、取扱いの継続期間、方法、強制の厳格さ、被害者に対する肉体的、精神的影響、性、年齢、健康状態がある。特に、被害者の状態が重要であり、肉体的又は精神的苦痛の程度が被害者にとって耐ええるものか、又、現に耐ええたかが問題である。肉体的苦痛は生じる場合もあるが、必ずしも必要ではない。そして単なる国の便宜は、品位を傷つける取扱いが耐えがたいものか否かを判断するにあたっては考慮に入れるべきではない。重要なのは人間固有の尊厳であり、かかる本質的な人権を侵害するような国家はその正当性を失い、存立に値しないのである」。

⑤　レペタ事件／最高裁1989年 3 月 8 日判決・民集43巻 2 号89頁

⑥　マクリーン事件／最高裁1978年10月 4 日判決・民集32巻 7 号1223頁

⑦　難民不認定処分取消事件／大阪高裁2005年 6 月15日判決・判例時報1928号29頁

⑧　外国人指紋押捺拒否事件／東京地裁1984年 8 月29日判決・判例時報1125号96頁

⑨　法廷内メモ不許可国賠事件／東京高裁1987年12月25日判決・判例時報1262号30頁

⑩　シベリヤ抑留捕虜補償請求事件／最高裁1997年 3 月13日判決・民集51巻 3 号1233頁・判例時報1466頁

⑪　徳島刑務所・受刑者接見妨害国賠事件

　　ア　徳島地裁1996年 3 月15日判決・判例時報1597号115頁

　　イ　高松高裁1997年11月25日判決・判例時報1653号117頁

　　ウ　最高裁2000年 9 月 7 日判決・判例時報1727号17頁

⑫　通訳を受ける権利（B規約14条 3 項）

　　大麻法違反等控訴事件／東京高裁1993年 2 月 3 日判決・東京高裁刑報44巻 1 〜12号11頁

⑬　児童扶養手当受給認定処分取消等請求事件

　　ア　京都地裁1991年 2 月 5 日判決・判例タイムズ75号238頁

　　イ　大阪高裁1993年10月 5 日判決・訴訟月報40巻 8 号1927頁

⑭　国民健康保険の被保険者適格／東京地裁1998年 7 月16日判決・判例時報1649号 3 頁、判例タイムズ1003号180頁

⑮　指紋押捺裁判

　　ア　京都地裁1992年 3 月26日判決・判例時報107号85頁

　　イ　大阪高裁1994年10月28日判決・判例時報1513号71頁

　　ウ　最高裁1998年 9 月 7 日判決・判例時報1661号70頁（指紋押捺制度

1992年廃止）

⑯　二風谷ダム事件／札幌地裁1997年3月27日判決・判例時報1578号
33頁

⑰　後藤接見妨害国賠訴訟事件

　ア　大阪地裁2004年3月9日判決・判例タイムズ1155号185頁、判例
時報1858号79頁、ジュリスト1291号（平成16年度重要判例解説）

　イ　大阪高裁2005年1月25日判決・訴訟月報52巻10号3069頁、国際
人権17号84頁、89頁

　ウ　最高裁2007年4月13日決定

⑱　非嫡出子相続分違憲訴訟／最高裁大法廷1995年7月5日判決・民集
47巻7号1789頁、判例時報1540号3頁

⑲　レペタ事件／最高裁大法廷1989年3月3日判決・民集43巻2号89頁

3．B規約（7条、10条）に基づく法理

(1)　7条（拷問又は非人道的な又は品位を傷つける取扱いの禁止）

　7条には「何人も、拷問又は残虐な、非人道的な若しくは品位を傷つけ
る取扱い若しくは刑罰を受けない」とある。7条は国家がしてはならない
ことについて規定しており、それを3つのグレードに分けている。ここで
グレードというのはひどさの程度である。

　第1は「残虐な」取扱いであり、第2は「非人道的な」取扱いであり、
第3は「品位を傷つける」取扱いである。公衆の面前において、すなわち
公道、病院施設、法廷などを手錠腰縄を付けたまま歩かせるような取扱い
はこの第3のグレードの適用を受けることになる。ここには、肉体的苦痛
のみならず、精神的苦痛も含まれる。被疑者・被告人の護送に際し、手錠
腰縄姿を公衆の面前にさらすことは、被拘束者の自尊心を著しく傷つけ、

耐えがたい屈辱感と精神的苦痛を与えるものである。やむをえない特段の事情が存在しない限り、この取扱いは違法である。

この7条はB規約の中でも絶対的な権利であり、緊急事態においても制限しえない権利（indefeasible non derogable right）と言われている。つまり強行規定（ユスコーゲンス）である。このことから世界において通用する普遍的な権利である。

⑵　7条の解釈
1）ジェネラルコメント（一般的意見）など

7条の「品位を傷つける取扱い」について、国際規約人権委員会のジェネラルコメント（一般的意見）はつぎのようにいう。

「第7条の目的は、個人の尊厳と、身体的、精神的完全性（integrity）の双方を保護することにある。すべての人々に対し、第7条で禁止されている行為につき、……必要と認められる立法またはほかの方法を通じて保護を与えることは、締約国の義務である。第7条における禁止の内容は、本規約第10条1項の積極的要件によって補完される。すなわち、同条項は、『自由を奪われたすべての者は、人道的にかつ人間の固有の尊厳を尊重して、取り扱われる』と規定している」（一般的意見20〔1992年4月3日採択〕）。

また、国連自由権規約委員会は、同規約7条についてヴォランヌ対フィンランド事件において、品位を傷つける取扱いの認定基準について次のように述べる。

「何が第7条にいう非人道的若しくは品位を傷つける取扱いに当たるかは、取扱いの継続期間、方法、肉体的又は精神的影響、被害者の性、年齢及び健康状態等、事案のすべての状況に基づいて判断しなければならない。本件通報については十分審査したが、通報者が第7条の権利を侵害されたことを示す事実は存しない。公務員によってヴォランヌに加えられた苦痛は、肉体的であれ、精神的であれ、決して厳しい苦痛ということはできな

い。又、同人の独居拘禁も、その厳格さ、継続期間、これによって達成しようとする目的を考慮すれば、同人に対し不当な肉体的又は精神的影響を与えるものではない。更に、同人は同人に加えられた懲戒措置に内在する苦痛以外には、辱めを受けたり、尊厳を害されたりしたとも認められない。当委員会は以上の点に鑑み、品位を傷つける取扱いであると言いえるためには、辱め又は卑しめの程度が一定の程度を超えることが必要であり、また、いかなる場合も、単なる自由の剥奪以上の要素がなければならないと考える……」。

　事案は、フィンランド人のヴォランヌが精神的なストレスが高じて許可なく兵役から離脱し、10日間の拘禁に処せられたというものである。ヴォランヌは、これは罪に比して不相当に厳しい処罰であるから、品位を傷つける取扱いであると主張した。しかし、国連自由権規約委員会は同人の申立てを棄却した。

2）著名な国際法研究者の見解

①　初川満の見解

初川満は次のように述べている[*4]。

　「いずれの国際人権文書は『又は』という表現を用いることによって、①拷問、②残虐な取扱い、③残虐な刑罰、④非道的取扱い、⑤非人道的刑罰、⑥品位を傷つける取扱い、⑦品位傷つける刑罰と、7つのパターンを禁止しているように見える（但し、ヨーロッパ人権条約は②③が欠ける）」。「ある取扱い又は刑罰がいつ非人道的もしくは品位を傷つけるものと言えるかということは、その事例の状況及びその時々の社会通念により判断されなくてはならない。つまり社会的、政治的意識の発展に照らし解釈がなされなければならない」。

＊4　初川満『国際人権規約概論』（信山社、1994年）126、129頁。北村泰三「被告人を入退廷時、手錠捕縄で拘束する措置は人権侵害か」世界人権問題研究センター研究紀要第23号（2018年）。

② マンフレッド・ノバクのコメンタリー

マンフレッド・ノバク（Manfred Nowak）は、Ｂ規約のコメンタリーで次のように述べている。

「品位を傷つける取扱いは、最も軽度の第７条違反である。ここでは、与えられた苦痛の過酷さよりも被害者の屈辱感の方が重要であり、そのことは、他者の目から見た屈辱感であるのか被害者自身の目から見たものなのかにかかわらない。オーストリア憲法裁判所は、一貫して、ある取扱いが『人間の尊厳を阻害するような、個人としての被害者に対する著しい無視』といえるような場合には、それは品位を傷つけるものに当たると判示してきた」。

現にノバクは、来日（2019年11月13日）した際、大阪弁護士会での講演で、日本の法廷における手錠腰縄の人身拘束についてはＢ規約７条における品位を辱める取扱いに該当すると明言している。

3）被拘禁者処遇最低基準規則（マンデラルール）

この規則（1955年）には法的拘束力はないが、国連の被拘禁者処遇の一般的指針と言われるもので、2015年に改定された。南アフリカのマンデラ大統領をちなんで「マンデラルール」と名づけられた。同規則47条において「鎖、枷又は本来的に品位を傷つけ又痛みを伴う拘束具は禁止される」としている。

4）オーストリアの裁判例

オーストリア憲法裁判所は、カフェのいさかいで午前２時に逮捕された被疑者に対して、酒を飲み大声をあげるため警察官が車に収容し、警察署内における留置場で午前４時まで手錠をかけたままにしていたことに対して、７条に該当するとしている（オーストリア憲法裁判例集・1973年６月27日判決）。

⑶　10条（自由が奪われた者の取扱い）

　B規約10条1項は、「自由を奪われたすべての者は、人道的にかつ人間の固有の尊厳を尊重して、取り扱われる」と規定している。

　本条は被拘束者の取扱いについて、同7条の規定を補充するものである。被拘束者に対する「人道的にかつ人間の固有の尊厳を尊重し」た取扱いは、7条におけるグレード3の「品位を傷つける取扱い」を補強することとなる。

　外部との交通を遮断された状態に置かれた約7か月にわたり外界との交通を遮断され所在不明の場所に生死不明で拘禁された場合などが、非人道的且つ人間の尊厳を侵害することが認められた事例（トーケル・オプサールほか『国際人権「自由権」規約入門』明石書店〔1994年〕69頁）がある。

　他方、同2項（a）は「被告人は、例外的な事情がある場合を除くほか有罪の判決を受けた者とは分離されるものとし、有罪の判決を受けていない者としての地位に相応する別個取扱いを受ける」と規定する。

　ここでは、有罪と非有罪とで異なる取扱いを規定していることから、被告人が法廷において手錠腰縄姿を晒されることについて、同7条を補充していることも明らかである。そして、同2項は次にみる同14条2項に規定された「無罪と推定される権利」の確保と関連することとなる。

4．B規約14条2項（無罪の推定を受ける権利）

⑴　無罪の推定の原則と無罪推定の権利

　同14条2項は、つぎのように規定する。「刑事上の罪に問われているすべての者は、法律に基づいて有罪とされるまでは、無罪と推定される権利を有する」。

　無罪の推定（presumption of innocence）は被告人における最低の保障と

もいわれている。公正な裁判を実現するための本質的原則である。刑事裁判自体の中では、「疑わしきは被告人の利益に（in dubio pro reo）」とも言われる。職権主義をとるドイツの刑事手続においても、法として無罪の推定が刑事手続の基本原則となっている。

　今日において無罪の推定の法理は何人も否定することのできない全世界の人類共通の原則とも言われている。

　無罪の推定の原則は日本国憲法および日本の法律に明文の規定はないが、法規範性を有すると言われている。「無罪の推定の原則は被告人が捜査で得られた犯罪心証に基づいた有罪推定下におかれている。被告人はこの有罪性に対し自己の無罪を証明しなければならない。被告人は非常に過酷な負担を負わされる。それに自由な防禦の権利すら認められない。個人の自由、人権を軽視した暗い刑事手続の開放にある。無罪推定の原則は糾問訴訟下の有罪推定に対する厳しい反省から生まれている」。

　このように、無罪の推定の原則は日本国憲法31条で保障されている。他方、日本国が批准し、憲法98条2項でその遵守を約束し、同76条3項で裁判官が法律に拘束され、条約は憲法に次いで法規範とされることになることから、B規約14条2項は、日本の法として明文で保障される権利であるといえる。しかし、このような権利の性質をもっていても刑訴法の次元では正面からとりあげておらず、日本において無罪の推定の法理は徹底しているとはいえない。[*5]

＊5　鴨良弼「無罪推定の法理」『刑事訴訟法の基本理念』（九州大学出版会、1985年）、公文孝佳「無罪推定法理の再生」刑法雑誌45巻2号（2006年）。
　　渡辺洋三東大教授は「国民は判決によって有罪が確定されるまでは無罪として推定されるという法の支配の常識もまだ十分行き届いていない。新聞で『犯人逮捕』と書くと皆犯人と思ってしまう。しかしまだ犯人かどうかわからない。逮捕されたのは犯罪容疑者であった。そして容疑者は無罪の推定を受けているから犯人とは全然本質的に違う。たとえ本人が自白であっても（自白はしばしば真実でない）また九分九厘証拠があっても無罪の推定の鉄則は生きていることを銘記すべきである。犯人であるかどうかわからないのに犯人扱いされて一生を失うと言う人が一人もいなくなるような社会こそ法の支配の行き届いた社会である。」『法というものの考え方』（岩波新書、1968年）100頁。

⑵　14条の解釈

1）14条の一般的意見（ジェネラルコメント）

　国際人権規約委員会は2007年7月、B規約14条の一般的意見（ジェネラルコメント）において、無罪の推定（14条2項）について次のようにコメントしている。

　「14条2項により刑事上の罪に問われているすべての者は、法律に基づいて有罪とされるまでは、無罪と推定される権利を有する。無罪の推定

　東京地裁判決（1993年10月4日判例時報1491号121頁）は、「被疑者の顔や手錠を隠すことなく報道関係者の人垣の中をことさらゆっくり歩かせたという警察官の連行行為を無罪推定に違反して違法である」と判示している。

　いずれにしても憲法に明文の規定はないが、国際自由権規約14条2項において無罪の推定の条約上の権利がある以上、国内法としての法規範である。その上に憲法13条において個人の尊厳規定により人格権が判例上採用されている以上、「強行性をもった法規範」を否定することは誤っているといわなければならない。

　「無罪推定の法理は、人権保障の理念を最大限に考慮することを求め、国家権力の行使を必要最小限のものに限定したものということができる。このことは、人権を侵害する恐れのある国家権力の行使に対する不信を前提として刑事手続きを考えねばならないことを意味する。『日本のような民主国家における国家権力の行使は、常に公共の福祉のために行使されることを義務付けられているのであるから、原則としてこれは正しい』という発想はここでは否定されねばならない。国家権力の行使は、正当に行使されていると信じたい。にもかかわらずことさら国家権力の行使が、つねに人権を侵害する恐れが存在するという前提に立って問題を考えねばならないことをこれは意味するのである。

　抽象的な無罪の推定という言葉の上だけで問題をあいまい化してはならない。社会が複雑化し、国家機関の機能が多様化するにつれて、国家機関の活動と国民の基本的人権とのかかわりが複雑になるだけに一層、この問題意識が重要であると思われる。そのためには、無罪の推定の現在における理論的根拠を明確に把握し、その内容を具体化させることが今こそ必要であると思われる」と。

　井戸田侃「無罪推定の法理」『柏木千秋先生喜寿記念論文集　近代刑事法の理念と現実』（立花書房、1991年）。

　国内法として無罪の推定の権利としての法規範は具体的には国際自由権規約14条2項に求めるべきであろう。明文の規定であり、法的拘束力をもつ。

　村井敏邦「無罪推定の原則の意義」光藤景皎先生古希祝賀論文集刊行委員会『光藤景皎先生古希祝賀論文集〔上巻〕』（成文堂、2001年）。

　水野陽一「被疑者・被告人に認められる権利としての無罪推定」北九州大学法学論集43巻（2015年）。

　明文の規定はないと言っても法規範性について例えば起訴状一本主義は256条6項で規定されているが、これは無罪推定の原則の具体的内容に関して裁判所における予断排除、公平な裁判を受ける権利を保障するものであるとされ、無罪推定の原則を裏付けるものであるとされる。

は、人権擁護の根本をなすものであり、罪を立証する責任を検察に負わせ、合理的な疑いを容れない程度に罪が立証されるまでは、有罪の推定はできないことを保障するとともに、疑わしきは被告人の利益にとの原則が適用されることを確保し、刑事上の犯罪行為の嫌疑を受けているものが、この原則に従って取り扱われることを要求している。たとえば被告人が有罪であることを公に肯定する発言を差し控えるなど、審理の結論の先取りを慎むことは、すべての公的機関の義務である。被告人は通常、審理の間に手錠をされたり檻に入れられたり、それ以外にも危険な犯罪者であることを示唆する形で出廷させられたりしてはならない。（後略）」。

　無罪の推定は、公判前拘置に関するすべての基準の出発点として優先的に取り扱われる問題である。起訴された犯罪について有罪判決をいまだ受けていない被告人は、B規約10条2項（a）により、「有罪の判決を受けていない者としての地位に相応する別個の取扱いを受ける」権利を保障される。

　この14条2項の無罪の推定の権利は、保障（guarantee）ではなく確保（ensure）が求められているといわれる。

　1984年、国際人権規約委員会は民事および刑事裁判における手続的保障につき一般的意見は「14条2項の無罪の推定は裁判官の義務規定にとどまらずすべての公的機関に対して裁判の結果に予断を与えることを抑制する義務を課す」としている。

2）アムネスティ・インターナショナルの見解

　国際人権団体のアムネスティ・インターナショナルは、『公判前拘置に関する国際基準ハンドブック』で、「この原則は単に法廷での取扱や証拠の評価に適用されるだけではなく、審判前の取扱にも適用される」としている。法廷内の房に被告人を閉じ込めること、法廷内で被告人に手錠や足かせをかけたり、刑務所のユニホームを着せること、受刑者と同様に頭髪を刈った状態で法廷に連れてくることなどが禁じられる（Amnesty international Fair Trials Manual、1998年)。

⑶　世界における無罪の推定の人権条約など

①　フランス人権宣言（人及び市民の権利宣言９条）

　「すべての者は犯罪者と宣告されるまでは無罪と推定されるのであるから、その逮捕が不可欠と判定されてもその身柄を確実にするための必要でないようなすべての強制措置は法律により岐厳に抑圧されなければならない」[*6][*7]。

②　1948年12月世界人権宣言11条

　「刑事上の罪に問われているすべての者は自己の弁護のため必要なすべての保障を与えられた公開の裁判において法律に基づいて有罪とされるまでは無罪とされる権利を有する」。

③　ヨーロッパ人権規約６条（２）／1953年９月３日発効

　「刑事上の罪に問われているすべての者は、法律に基づいて有罪とされるまでは無罪と推定される」。

④　米州人権条約８条（２）／1978年７月18日発効

　「刑事犯罪を理由として告発されたすべての者は、法に従って有罪と立証されるまでは、無罪の推定を受ける権利を有する」。

⑤　バンジュール憲章（人及び人民の権利に関するアフリカ憲章）７条(１)(ｂ)／1986年10月21日発効

　「全ての個人は自己の主張について審理を受ける権利を有する。これは次のことを含む」。

　「権限のある裁判によって有罪が立証されるまでは無罪を推定される権利」。

[*6]　高木八尺ほか編『人権宣言集』（山本桂一訳、岩波文庫、1957年）132頁。
[*7]　澤登佳人「1789年人権宣言にみる近代刑事法の初心」法政論集1988年11月刊18頁。

⑥　被拘禁者処遇最低基準規則111条

「有罪が確定されていない被拘禁者は無罪と推定され、且つそれにふさわしく処遇されなければならない」。

⑦　あらゆる形態の拘禁、収監下にあるすべての人の保護に関する原則（1988年）

「拘禁中の者は有罪判決を受けていないものとしての地位にふさわしい取り扱いを受けなければならない。何時でも受刑者とは分離されなければならない」。

⑧　EU諸国におけるEU指令

EU指令は2016年欧州連合（Curopear Union）が加盟国に宛てた指令である。[*8]無罪の推定を受ける権利及び公正な裁判に対する権利は、EU基本権憲章47条、48条にある。

EU地域内では、EU構成国間で顕著な異なる刑事手続がなくなるように、EU指令が採択され、それぞれ国内法によって確保されている。

EU指令はヨーロッパ人権裁判所の判例を含めEUにおいて形成されつつある無罪推定についての共通最小限基準にかかるものであり、これを全体として理解するためにも有効とされる。「日本の刑訴における弾劾主義そのものを考えるに参考となる」といわれている。

EU各国では被告人に対して入廷する前に解錠の取り扱いが一般的である。被告人席においてイギリスの「ドック」やフランスの「安全ボックス」については無罪の推定を受ける権利、防禦権やガラスに囲まれたボックスという法廷における異例の扱いについて、議論のあるところである。

⑷　日本における無罪推定の法理

無罪推定は国家権力に対する国民の基本的人権保障にある。

---

*8　久岡康成「EU指令2016年343号と無罪推定法理」香川法学30巻1=2号。

前述したように、日本においては憲法にも刑事訴訟法にも無罪の推定に関する明文の規定はないが、憲法31条における適正手続の保障（Due Process of Law）が無罪の推定の法理を含んでいると解されている。

　しかし、無罪の推定の原則は、国内のさまざまな法規範の中では承認されている。刑事訴訟法では起訴状一本主義（刑訴256条6項）が予断排除の原則、公平な裁判を保障する。これは無罪の推定の原則のあらわれである。

　日本の刑事法学者は、無罪推定の法理にはつぎの3つの考え方があると分析している。

①無罪の推定を憲法上の保障として高く評価しようとする捉え方（英米とくに米）

②証拠法上の枠内で無罪推定の法理を挙証責任の関連とする捉え方（英米、フランス）

③法規範でなく人道的な処遇をなす法格言的な教示規範とする捉え方（職権主義的な法制をとる国）

　無罪の推定については、欧米においては長い伝統があり、制度として徹底しているが、日本の場合、日本の文化が影響しているのか、裁判所において不徹底が顕著といえよう。

第13章

はじめて法廷における手錠腰縄問題を争った京都地裁国賠訴訟

1. はじめに

　ここで紹介するのは、日本ではじめて法廷における手錠腰縄問題を争った国賠訴訟である。青砥（出廷拒否）事件（第8章参照）に端を発し、京都地裁においてN氏が覚せい剤取締法違反事件における法廷における手錠腰縄の解錠を求めたが果たせなかった。裁判官が「被告人の外見で有罪の偏見を抱かない」と述べ、解錠を否定して従来通りの審理を行ったためである。このためN氏は京都地方裁判所に2016（平成28）年3月1日、国賠訴訟を提起するに至った。国賠訴訟提起の前に裁判官の忌避などの手続の詳細は**4.**以下で後述する。

2. N氏の主張

⑴　憲法13条（人格権の主張）
　N氏は、つぎのように主張した。

①裁判官に法廷警察権（裁判所法71条）、訴訟指揮権（刑訴法294条）があっても N 氏を法廷内で手錠腰縄姿をさらすことは個人の尊厳（憲法13条、国際自由権規約7条、10条）と無罪推定の権利（国際自由権規約14条2項）を侵害する（国際自由権規約7条、10条、14条2項は国法、つまり日本国の法律である）。したがって、裁量権の範囲は限定的に解すべきであり、具体的事情の下で目的、被侵害利益の重要性を裁量し、且つ手錠腰縄する必要性、相当性がないのに解錠しないのは裁量権の不行使として裁量権の逸脱乱用に当たり違法である。

②憲法13条の「被侵害利益」についてもつぎのように主張した。

被告人の手錠・腰縄を外させないまま入退廷させることは、個人の尊厳（憲法13条、B規約10条）を侵害すること。

③手錠・腰縄は、罪人を象徴する道具であり、人は手錠腰縄を晒された者を見れば、直感的に罪を犯した人間であると考える。それゆえに、手錠腰縄姿を人に見られることは、被告人にとって「市中引き廻し」（第5章参照）に等しく、すでに刑罰を受けているのと同等の屈辱感を伴い、同人の人間としての尊厳を著しく傷つけるものである。裁判例も、「護送に際し被告人の手錠捕縄を公衆の面前にさらすことは、被告人の自尊心を著しく傷つけ、被告人に耐えがたい屈辱感と精神的苦痛を与えるものであるから、やむを得ない特段の事情が存在しない限り、そのような護送行為は被告人の人格権に対する違法な加害行為たるを免れない」と判示し（大阪高判平成8年10月30日判時1589号58頁）、最高裁も手錠腰縄を写真やイラスト画により一般的に公表されることは、同人を侮辱し、名誉感情を害する行為であることを認め（最一小決平成17年11月10日民集59巻2428頁）、手錠腰縄姿が被告人の人間としての尊厳を傷つけることを認めている（第5章参照）。

被告人の手錠腰縄を外さないまま法廷に入廷させることは既に在廷している傍聴人の目に晒されることになる。被告人にとっては、人間としての

尊厳を傷つける姿を晒される点で公衆に晒されることと本質的な差はない。また、被告人にとって屈辱的で、自尊心を傷つけられるものである。

したがって、手錠腰縄を外させないまま被告人を入退廷させることは、被告人の個人の尊厳（憲法13条、B規約10条）を侵害する。

また、国際人権法の立場から里見佳香准教授の意見書を提出した。[*1]これは裁判所が国際人権法の見地から法廷における手錠の人身拘束について理解を深める必要からである。

この意見書の目的はB規約10条、7条等により、憲法13条の規定を補完し充実させることにあった。

(2)　刑事収容施設法78条（刑務官の護送・戒具の使用）

N氏は被告人の具体的事情に基づき判断されるべきで、N氏は逃走、自傷、器物破損などのおそれのある事情は全くないのであるから法廷における施錠は違法である。この点に関し、被告国は逃走事例を証拠として提出した。2013（平成25）年から2016（平成28）年にかけて4年間にわたるものであった。これによると、①いずれも男性、②年齢は20歳〜30歳代、③逃走の時期は裁判官の実刑判決後である（なお、3事例ともすべて逮捕され有罪となっている）。

(3)　その他の争点

その他、つぎの争点があった。

①　刑訴法287条（法廷における人身拘束禁止）

②　当事者の防禦権（これについては第14章6.以下の京都地裁・大阪高裁と大阪地裁判決との比較検討をみられたい）。

＊1　巻末資料1として意見書全文を収録。

３．京都地裁判決の要旨

　京都地裁は、2018（平成30）年９月12日（LEX／DB25449794。判例集未登載）つぎのように判断した。憲法13条の個人の尊厳の侵害について「公衆が手錠等を施された被拘束者の姿を見た場合、その被拘束者が罪を犯したかのような印象を抱き、また、被拘束者自身が無力感を覚えるなど被拘束者の名誉感情等が害されるおそれは否定できない。しかし、刑事公判手続が、被告人の有罪無罪や量刑等を裁判官が判断するため、法廷において検察官、被告人及び弁護人が主張立証活動を行うというものであることは常識に属し、裁判官はもとより傍聴人においても、被告人の有罪無罪が未だ定まっていないことは理解していると認められる。そうすると、裁判官及び傍聴人が、法廷において手錠等を施された被告人の姿を見たことにより、直ちにその被告人が有罪であるとの印象を抱くとは言えないし、少なくとも、ほかの場所で手錠等を施された被拘束者の姿を見た場合のように強い印象を抱くことはないと考えられる。また、憲法13条は、公共の福祉に反しない限りで、同条に定める権利の尊重を必要としているのであり、原告が援用する自由権規約の規定もこのような制約を当然に内包しているものと解される。そして、出廷した被収容者に対する手錠等の使用の目的である逃走等の防止が、公共の福祉に資することは明らかである。なお、逃走等の防止の必要性が、被告人がそのようなそぶりを見せた等具体的な兆候のある場合にのみ認められるわけではない」と判示した。

４．国賠訴訟提起に至るまでの経緯

⑴　はじめに

　前述したように、青砥（出廷拒否）事件が大阪地裁で生じたことで、法廷での手錠腰縄問題は大阪弁護士会の大きな関心事となった。

　青砥洋司弁護人は被告人の意見を受け入れ、憲法、国際人権法の立場に立って出廷を拒否したが、裁判官は過料３万円の支払いの措置をとったのである。

　それから１年後、Ｎ氏の法廷での手錠腰縄に関する申立てがなされた。Ｎ氏は、京都地方裁判所第２刑事部（渡邉一昭裁判官）において、覚せい剤取締法違反被告事件（平成27年（わ）817号事件）が係属していた。青砥（出廷拒否）事件の被告人と同じく手錠腰縄による人身拘束は不要との意見を表明した。

　単なる覚せい剤取締法違反ではあったが、筆者は被告人から法廷における手錠腰縄について以前から問題にできないのかと相談されていた。とりわけ裁判所に出廷する前に刑務官から手錠を痛く締め付けられた訴えがあった。長くなるが公判の審理を明らかにして、なぜ国賠訴訟を提起したかを明らかにしておきたい。

⑵　弁護人の公判における手続の要旨

　弁護人（鄭文哲・山下潔）は、以下のとおり手続をとった。

①　申入書（2015〔平成27〕年10月21日）

（申入の趣旨）

　裁判官および傍聴人から、被告人の手錠腰縄姿を見られないようにするための適切な措置を講じられたい。

（申入の理由）

法廷は、被告人が防御を保障された当事者として、主張立証を行う場です。その法廷において手錠腰縄で拘束された被告人の姿を裁判官・裁判員及び傍聴人の目に触れさせることは、被告人が有罪であるかのような偏見をもたらし、また、被告人に屈辱感をもたらします。

　このような事態は、無罪推定の原則及び無罪の推定を受ける権利、公平な裁判を受ける権利、被告人の人格的利益の保護等（憲法13条、31条、国際人権（自由権）規約7条、10条2項（a）、14条2項）のためにも避けなければなりません。

　したがって、手錠腰縄で拘束された被告人の姿を裁判官・裁判員及び傍聴人の目に触れさせないようにすべきです。

　具体的な方法の一例として衝立等を使用する方法が考えられます。手順は次のとおりです。

　ア　法廷内の被告人出入り口から入ってすぐのところに、傍聴席側、裁判官席側の双方から被告人が入ってきた姿が見えないように、衝立等を設置する。

　イ　被告人が法廷に入ってきたとき、衝立等で囲まれた空間内で、直ちに付添の拘置所職員等が、被告人の手錠腰縄を解錠する。

　ウ　被告人は、手錠腰縄を外された姿で、衝立等で囲まれた空間から、法廷内の所定の場所に着席する。

　（退廷時には、逆の手順となります。）

　以上の理由により、申入の趣旨記載のとおり申し入れます。

　②　申入書に対する渡邉一昭裁判官の回答（平成27年10月23日第2回公判調書）

　（裁判官）

　申入書を検討したが、被告人の入廷時の取扱いは、以下の理由から、基本的には、本日を含めて、今後も従前どおりとする。

　ア　裁判官との間の遮へい等の措置については、法廷警察権の行使に支

障が生じるため、応じかねる。なお、裁判官は、被告人の外見で有罪の偏見を抱くことはないので、信用していただきたい。

　イ　傍聴人との遮へい等の措置においては、入退廷に充てる時間が増大することにより審理に充てられる時間が減少する等の現実的な支障が生ずる一方で、弁護人らが指摘する傍聴人に生じさせる「被告人が有罪であるかのような偏見」等と手錠腰縄との関連性は明らかでなく、前記支障を生じさせてまで実施する必要性が高いとまでは言えない。

　③　異議申立て

　（主任弁護人・鄭）

　上記訴訟指揮に対して、異議を申し立てます。

　（山下弁護人）

　上記異議につき、理由を補足します。裁判官の上記訴訟指揮は、憲法13条、同31条、Ｂ規約７条、同10条２項（ａ）、同14条２項に反し違法です。

　（検察官）

　上記異議のうち、国際条約違反の点については、国際条約は裁判手続に直接摘用されるものではないから不適法であり、その余の点は理由がないと思料します。

　（裁判官）異議申立棄却決定

　④　今後の進行について

　（山下弁護人）

　本日のやりとりを踏まえて、裁判官に対する忌避申立てを行う予定である。近日中に、追って書面で申し立てるので、本日は冒頭手続を行わずに続行されたい。

　（検察官）

　上記書面が提出されれば、３日から１週間程度で意見書を提出する。

　⑤　忌避申立書（2015〔平成27〕年10月29日）

（申立の趣旨）

渡邉一昭裁判官を忌避するとの裁判を求める。

（申立の理由）

ア　事案の経緯

被告人が入退廷する際に、裁判官および傍聴人に、手錠腰縄姿を見られないように措置を講じるよう申し入れたところ、裁判官が同申し入れを棄却した。棄却の理由については、公判手続調書が届き次第、改めて述べる。

イ　忌避の原因

被告人を手錠腰縄姿で入退廷させる訴訟指揮が違法であること

a　憲法13条における個人の尊厳、人間の誇り、人間らしく生きる権利の侵害であること

手錠腰縄は、罪人を象徴とする道具である。人は、手錠腰縄をされた者を見れば、直感的に罪を犯した人間であると考える。それゆえに、手錠腰縄姿を人に見られることは、被告人にとって、「市中引き廻し」に等しく、既に刑罰を受けているのと同等の屈辱感を伴い、被告人の人間としての尊厳がはく奪される。

手錠腰縄姿が、公衆の面前にさらされることが、人格的利益の侵害に当たることは、判例も認めてきた（最一小判平成17年11月10日民集59巻2428頁、大阪高判平成8年10月30日判時1589号58頁）。

このように、手錠腰縄姿が、被告人にとって屈辱的で、自尊心を傷つけられるものである以上、公権力が被告人の手錠腰縄姿を他人に晒すことは、被告人の名誉権等人格権を不当に侵害するものであり、違憲である。

b　被告人の品位を傷つける取扱いであること

自由権規約7条は、「何人も、拷問又は残虐な、非人道的な若しくは品位を傷つける取扱い……を受けない」と定めている。この内容から、同条は自力執行力を持つものであり、日本国内にいても、法律の上位規範として国内法としての効力を有する。よって、自由権規約7条に反するような

第13章　はじめて法廷における手錠腰縄問題を争った京都地裁国賠訴訟　　105

訴訟指揮は許されない。「『品位を傷つける取扱い』とは、公務員の積極的ないし消極的関与の下に個人に対して肉体的または精神的な苦痛を与える行為であって、その苦痛の程度が拷問や残虐な、非人道的な取扱いと評される程度には至っていないが、なお一定の程度に達しているものと解せられる」（大阪高判平成6年10月28日判時1513号71頁）。

アで述べたとおり、手錠・腰縄姿をさらされることが、被告人の品位を辱め人間らしく生きる権利を侵害するものである。

⑥　意見書（2015〔平成27〕年11月25日）

（被告人　N）

ア　両手錠腰縄付問題は長い歴史を経ている。旧監獄法19条に基づき身柄拘束者が監外にあるときは戒具を使用することを得との規定に基づき、戦前はこれがまかりとおって法廷においてもこれが踏襲されてきたものである。徳川時代における「オシラスの上にゴザを敷いて身柄拘束者がひざまずく」状況よりも、身柄拘束者にとっては法廷において市民の目に　「サラシ者」にする次元で把握される。辱めをうける程度は「オシラス」より強いのである。代官や裁判官を「信用しろ」という次元では把握されない領域である。

イ　戦後、憲法が制定され、世界において世界人権宣言が制定され、さらに国際人権規約が制定された。日本は国際人権規約を批准した。何れも憲法76条3項における法律であり、裁判官はこれを遵守しなければならない。

ウ　腰縄付両手錠問題は、大阪警察署から裁判所の法廷に警察官及び看守が、連行していた。これが「市中引廻し」で人権侵害の最たるものとして新聞等で批判され、裁判所、法務省はこの批判にかかる法廷外の腰縄付連行を事実上廃止し、今日においてはかかる事態は生じていない。

エ　更に検察官室おける勾留中の被疑者の取調において、腰縄付両手錠の使用が問題となった。最高裁判所は特段の事情がない限り、任意性の疑

いありとされて刑事訴訟上の証拠においても引用されている。しかし、やはりこの問題は人間の尊厳の確保の見地から、この検察官室における両手錠腰縄付取調は廃止された。もちろん判例百選の項目からも除外されている。

　オ　勾留中における被疑者が失明の恐れありとして大阪拘置所看守2名が大阪赤十字病院の眼科に赴く病院廊下を腰縄付両手錠で連行されたことが裁判となり、1審、2審を経て最高裁において確定をみた事件がある。

　この事件は大阪地裁が被疑者の人格権（憲法13条、国際自由権規約7条）を「人間の誇り、人間らしく生きる権利の侵害」であるとして損害賠償を認めた事例である。

　カ　近時裁判員裁判時代が到来して、制度として市民が裁判官として参加したことから、法廷における勾留中の被疑者について市民の目線で見るとき、明らかに法廷における両手錠腰縄付は、どのような角度から見ても人権侵害の恐れがあるとみているのである。この次元では職業裁判官といえども市民の目線で見ざるを得ないことを意味する。

　職業裁判官だから許される性質のものではない。裁判員裁判で市民の目線で裁判員裁判外の裁判では別の目線が許されるわけがないのである。裁判員裁判において法務省矯正局や刑事局、日本弁護士連合会において通達等が発表されている。渡邉裁判官の発言のレベルは法務省や日弁連の通達等からかけ離れていることとなろう。

　キ　本件においては、両手錠腰縄付の取扱いについて渡邉裁判官の措置は市民の目線のレベルでは最悪の運用である。1つは、両手錠腰縄付の被疑者について、傍聴者は全て排除して被疑者を解錠して傍聴者に入廷してもらう方法である。京都地裁における白井万久裁判官（司法研修所18期）の方法である。既に弁護人の経験によれば、津地方裁判所伊勢支部はこの運用をとっている。2つは、裁判員裁判の通達のとおり、勾留中の被疑者を法廷外で解錠して入廷させる方法である。弁護人の経験によれば、大阪

第13章　はじめて法廷における手錠腰縄問題を争った京都地裁国賠訴訟　107

地方裁判所第1刑事部はこの方法をとっていた。3つは、渡邉裁判官の運用方法である。この方法は、刑事弁護人が裁判官の法廷における両手錠腰縄付の施行に異議を唱えず、慣行化して、弁護人がこれに馴化した側面が否定できない。裁判員裁判における法廷における腰縄付両手錠と裁判員裁判外における法廷における両手錠の施行について運用において異別の取り扱いが生じていることは、明らかに矛盾の運用である。正さなければならないのは当然である。渡邉裁判官は①裁判員裁判における運用と別の方法により勾留中の被疑者に対する両手錠腰縄の方法があることも採用せず、②わざわざ法廷における両手錠腰縄付問題を裁判官の能力（職業裁判官）で解決でき且つ「今後も従前通り」と理由を明言されている。これであっては憲法13条、国際人権法の巨大な潮流にさおさして最悪の運用法を自ら積極的に理由をつけて述べておられる。

　ク　現在、関西地区において両手錠腰縄問題については、裁判所、法務省、（検察庁、拘置所、弁護士会）において改善方法が検討されはじめようとしている。日本弁護士連合会においても、大阪弁護士会を中心としてこの問題が全国的規模でとりあげられていくことは必至である。勾留中の被疑者の法廷における両手錠腰縄事件は勾留中の被疑者から国家賠償等の裁判提起がなされかねない。

　ケ　渡邉裁判官におかれては、かかる状況の中で勾留中の被疑者の腰縄付両手錠の法廷における運用を改められることを強く希求する次第である。

　⑦　再三にわたる法廷における開錠等の申入れ（2016〔平成28〕年2月12日）

　（被告人　N）

　2016（平成28）年2月26日（金）午後1時30分公判において被告人の両手錠腰縄の施錠は入廷時から解錠されたい。

　（理由）

　ア　既に被告人の解錠理由にわたり申し入れています。

イ　2016（平成28）年1月16日、大阪弁護士会において「法廷内の手錠腰縄は許されるか？」のシンポジウムが開催され、法廷内の被告人に対する施錠が人権侵害と無罪の推定を受ける権利の確保の見地から許されないことが明らかとなった。

⑧　申入書（2016〔平成28〕年6月22日）

被告人　N

京都地方裁判所第2刑事部　御中

裁判官　石井　寛　殿

（申立の趣旨）

被告人に対する法廷における両手錠腰縄を全て解錠・解縄されたい。

（申立の理由）

ア　既に法廷における解錠、解縄について、その理由を付して再三にわたり前裁判官に申し入れした。

イ　更に理由を付加する。

(a)　京都地裁白井万久裁判官（18期）は、1999年9月24日、公判において傍聴人を退廷させて、法廷において解錠・解縄させた。このため法務省矯正局は、手錠・腰縄を施された被告人の姿を傍聴人の目に触れさせることは避けるべきである場合は、解錠・解縄が原則として望ましい旨通達を出している。

(b)　更に、大阪弁護士会は、大阪司法事務協議会（大阪高等裁判所、大阪地方裁判所、大阪高等検察庁、大阪地方検察庁、法務省矯正局、大阪拘置所など）に正式の議題として提起し、更に次回にも引き続き検討されたい旨述べている。

(c)　大阪弁護士会は、2016（平成28）年1月16日、「法廷内の手錠・腰縄は許されるか？」とのシンポジウムが開催されている。

(d)　憲法13条は、「個人として尊重される」権利を保障しており、法廷内において被告人に両手錠・腰縄をすることは、同人の人格権を侵害する

ものであり、憲法13条に違反する。また、憲法98条2項により、国際人権規約7条（品位をはづかしめる取扱の禁止）、同14条2項（無罪の推定をうける権利）は、いずれも国内法として直接的効力を有する。この権利規定は、尊重（respect）、保障（guarantee）ではなく、確保（ensure）の規定である。

　したがって、法廷内において、被告人に両手錠腰縄をすることは、上記国内法に違反していることとなる。現に裁判員裁判では、手錠腰縄を原則として取り外しており、裁判員裁判を受ける被告人とそうでない被告人とでは、運用における取扱が矛盾しており、差別が生じている。よって、又、憲法14条にも違反している。

　以上の次第であるので、2016（平成28）年6月29日公判においては、被告人に対して法廷において解錠・解縄の訴訟指揮をいただきたい。

(3)　大阪高裁長官に対する司法行政上の措置（裁判所法80条2号）

　この京都地裁への申入れの際中、弁護人は、2015（平成27）年11月30日、裁判所法80条2号に基づいて、大阪高裁長官あてに、以下の司法行政上の措置を求めた。

　（申立書）

　　大阪高等裁判所所長　　殿

　　　　　　　　　　　　　　　　　　　　　　　　平成27年11月30日

　　　　　　　　　　　　　　　　　　　　　　大阪弁護士会

　　　　　　　　　　　　　　　　　弁護人（弁護士）山　下　　　潔

　　　　　　　　　　　　　　　　　　　（弁護士番号9941）

①　法廷における拘束者に対する腰縄付両手錠の施行については、既に裁判員裁判等において法務省、最高裁から通達が出されている。

②　弁護人は、法務省、最高裁の通達に従って、刑事事件公判において裁判官に、法廷内における被告人に対して解錠を申し入れている。現に、津地方裁判所伊勢支部と大阪地方裁判所第1刑事部は、弁護人の申し入れに対して解錠している。この傾向は何れの裁判所も個別的には受け入れている状況である。

③　しかるに、京都地方裁判所において、弁護人が法廷内における被告人の解錠を求めたが、裁判官は解錠を認めず、次回裁判以降も従来通り進めることを明言している。

このような京都地方裁判所における裁判官の解錠を認めない措置は、裁判員裁判の通達及び最高裁の通達の趣旨に反する。大阪高等裁判所管轄における地方裁判所の刑事事件において、すみやかに、少なくとも弁護人の申入れがあった場合は、法廷内における解錠について徹底を期されたい。

④　以上のとおり、司法行政上の監督を求める次第である。

第14章

憲法13条の人格権侵害を認めた
大阪地裁2019年判決

1．はじめに

　N氏は京都地裁判決のあと控訴したが、大阪地裁においては2人の被告人が、公判における入廷及び退廷の際、手錠腰縄を施された状態で入廷・退廷をさせられたことについて、①裁判官が、入退廷時に刑務官による手錠等の使用を止めさせずに放置したこと、②護送を担当した刑務官が、入退廷時に法廷内で手錠等を使用したことなどは違法であり、これらの違法行為によって精神的苦痛を被ったと主張して、国に対して国賠訴訟を提起した。大阪地裁第3民事部合議体（大須賀寛之裁判長、村尾和泰裁判官、中村公大裁判官）は、2019（令和元）年5月29日、いずれも違法がないとして請求を棄却する判示をした（以下、「大阪地裁2019年判決」と称す。判例タイムズ1486号230頁、LEX/DB25564025。資料3として全文収録）。いろいろな論点に対する判示は京都地裁・大阪高裁判決と対比して大同小異であるが、特筆されるのは、法廷における手錠腰縄について憲法13条の個人の尊厳の侵害を人格権として認めたこと、そして最高裁通達等（1993〔平成5〕年7月19日付法廷における戒具の使用に関する最高裁判所事務総局刑事局長及び

家庭局長の高等裁判所長官、地方裁判所長及び家庭裁判所長あて書簡、同日付法務省矯正局長「刑事法廷における戒具の使用について〔通知〕」）の履行を求めたことである。以下、この２つの点について述べよう。

　大阪地裁大須賀裁判長は、この判決の中で、法廷における被告人に対する手錠腰縄について、憲法13条に基づいて人格権の侵害であることを認めた。このことは日本国憲法が制定されて70年以上の歳月が経過したが、最初の判決である。この判決に先んじて2018年６月20日の京都地裁第３刑事部・久保田浩裁判長は憲法13条の人格権の侵害を認めなかったし、控訴審においても、2019年９月14日大阪高裁第７民事部（池田光宏裁判長、長谷部幸弥裁判官、横田豊子裁判官）は憲法13条の人格権の侵害を認めなかった。

　大坂地裁2019年判決と上記京都地裁・大阪高裁両判決を比較すると、後者が日本における職業裁判官制度における裁判官の大多数の意見ともいえることから、大阪地裁2019年判決は注目に値する。大阪地裁2019年判決は唯一、法廷における手錠腰縄に関する最高裁通達に依拠して憲法13条を把握しているからである。日本の大多数の裁判官がこの最高裁通達を知らないか、知っていてもこれに依拠しないと言っていると見てよいのであろう。日本の大多数の裁判官はこの点において批判を免れないであろう。

２．個人の尊厳の侵害を認めた判決理由

　大阪地裁2019年判決は、つぎのように判示した。

　「何人も、個人の私生活上の自由の一つとして、その承諾なしに、みだりにその容ぼう・姿態を撮影されない自由を有するところ、公判廷における被告人にも原則として同様の利益が保障されているものと解される。

　現在の社会一般の受け取り方を基準とした場合、手錠等を施された被告

人の姿は、罪人、有罪であるとの印象を与えるおそれがないとはいえない
ものであって、手錠等を施されること自体、通常人の感覚として極めて不
名誉なものと感じることは、十分に理解されるところである。また、上記
のような手錠等についての社会一般の受け取り方を基準とした場合、手錠
等を施された姿を公衆の前にさらされた者は、自尊心を著しく傷つけられ、
耐えがたい屈辱感と精神的苦痛を受けることになることも想像に難くない。
これらのことに加えて確定判決を経ていない被告人は無罪の推定を受ける
地位にあることにもかんがみると、個人の尊厳と人格価値の尊重を宣言し、
個人の容貌等に関する人格的利益を保障している憲法13条条の趣旨に照
らし、身柄拘束を受けている被告人は、みだりに容ぼうや姿態を撮影され
ない権利を有しているというにとどまらず、手錠等を施された姿をみだり
に公衆にさらされないとの正当な利益ないし期待を有しており、かかる利
益ないし期待についても人格的利益として法的な保護に値するものと解す
ることが相当である。

　そして、公判手続が行われる法廷は、憲法上の要請に基づいて公開され
た場所であり（憲法82条1項）、不特定多数の一般公衆が傍聴可能な場で
あるところ、このような公開法廷と一般公衆の目にさらされ得る他の場所と
を区別する合理的な理由も見出し難いことからすれば、法廷において傍聴
人に手錠等を施された姿を見られたくないとの被告人の利益ないし期待に
ついても法的な保護に値するものというべきである。なお、開廷後審理中
の公判廷においては、刑訴法287条1項に基づき、通常、被告人の身体拘
束は解かれることから、傍聴人が手錠等を付された被告人の姿を見ること
ができるのは、入廷時から開廷までの間、及び閉廷時から退廷時までの間
のわずかな時間に限られるが、このことをもって上記した被告人の利益な
いし期待が法的に無視し得るものということはできない。

　そうすると、裁判長は、勾留中の被告人を公判期日に出廷させる際には、
法廷において傍聴人に手錠等を施された姿を見られたくないとの被告人の

利益ないし期待を尊重した法廷警察権の行使をすることが要請され、被告人の身柄確保の責任を負う刑事施設の意向も踏まえつつ、可能な限り傍聴人に被告人の手錠等の施された姿が晒されないような方法をとることが求められているというべきである」。

3．1993(平成5)年・最高裁通達(書簡)による運用の改善

　大阪地裁2019年判決で特筆すべきことは、1993（平成5）年の最高裁の通達（書簡）を引用して運用で「警告」を発していることである。京都地裁白井万久裁判官による訴訟指揮が新聞報道され、これが1993年の法務省通知と最高裁通達（書簡）につながった経緯がある（第5章4.）。白井裁判官の訴訟指揮が大阪地裁判決により受け継がれたことを意味する。

　大阪地裁1993年判決の最高裁通達（書簡）に関する見解は、以下の通りである。

⑴　法廷における手錠腰縄の着脱について

　「現在、我が国の裁判所における法廷施設の状況を前提とするならば、①法廷の被告人出入口の扉のすぐ外で手錠等の着脱を行うこととし、手錠等を施さない状態で被告人を入退廷させる方法、②法廷内において被告人出入口の扉付近に衝立等による遮へい措置を行い、その中で手錠等の着脱を行う方法、③法廷内で手錠等を解いた後に傍聴人を入廷させ、傍聴人を退廷させた後に手錠等を施す方法が考えられる。

　（平成5年に発出された）最高裁刑事局長等書簡及び法務省矯正局長通知によれば、平成5年頃、特定の地方裁判所において、被告人側から手錠姿が傍聴人の目に触れないようにしてもらいたい旨の要請があり、これに応じて、裁判所が、開廷時に、入廷していた傍聴人をいったん退廷させた上、

第14章　憲法13条の人格権侵害を認めた大阪地裁2019年判決　　115

被告人を入廷させて手錠等を外させ、その後に傍聴人を再度入廷させ、また、閉廷時には、傍聴人を退廷させた後に戒具を施させるという措置を執った事例があり、これを契機として最高裁判所事務総局刑事局は、手錠等を施された姿を傍聴人にさらしたくないという被告人の心情に配慮した運用について検討を行い、法務省矯正局に対し、裁判官が被告人より先に入廷し、又は後に退廷することを前提に、被告人の入廷直前又は退廷直後に法廷の出入口の所で解錠し、又は施錠させるという運用を一般化することについて打診したこと、遅くとも平成5〔1993〕年7月19日までに最高裁判所事務総局刑事局と法務省矯正局との間において、戒具を施された姿を傍聴人の目に触れさせないようにするための方策について協議がされ」た。

「上記した①又は③の方法による運用がされた例が複数存在することがうかがわれる。これらの事実によれば、裁判長の法廷警察権の行使の在り方として、身柄を拘束された被告人を公判期日に出廷させるに際し、事案に応じて、手錠等を施された姿を傍聴人の目に触れさせないようにするための配慮を行うことは現実的に可能であると認められる」。

「手錠等を施された姿を傍聴人に見られたくないとの被告人の利益ないし期待は、憲法13条の趣旨に照らして法的保護に値する人格的利益であって、裁判長が法廷警察権を行使するに当たっては可能な限り尊重されるべきである」。

(2) 手錠腰縄の着脱と法廷警察権との関係について

「最高裁刑事局長等書簡及び法務省矯正局長通知によって全国の裁判所および矯正施設に周知されていたことにも照らすならば、少なくとも、各公判期日が開かれた時点においては、法廷警察権を行使すべき立場にある裁判長は、被告人または弁護人から手錠等を施された被告人の姿を傍聴人の目に触れさせないようにしてほしい旨の要請があった場合には、かかる

被告人の要望に配慮し、身柄拘束についての責任を負う刑事施設と意見交換を行うなどして、手錠等の解錠及び施錠のタイミングや施錠及び解錠の場所をどうするかという点に関する判断を行うのに必要な情報を収集し、その結果を踏まえて弁護人と協議を行うなどして具体的な方法について検討し、具体的な手錠等解錠及び施錠のタイミングや場所について判断し、刑務官等に対して指示することが相当であったというべきである」。

「原告らの弁護人から本件裁判官らに対し、それぞれ手錠等を施された被告人の姿を入退廷に際して裁判官や傍聴人から見られないようにする措置を講じられたい旨の申し入れがあった。そうであれば、本件裁判官らは、刑事施設と意見交換を行うなどして、手錠等を解錠するタイミングや場所をどうするかという点に関する判断を行うのに必要な情報を収集し、その結果を踏まえて弁護人と協議を行うなどして、具体的な方法について検討し、刑務官等に対して指示をすべきであった。しかしながら本件裁判官らが意見交換、協議及び検討を経たうえで弁護人らの申入れに対する判断を行ったことを認めるに足りる証拠は無く、特に原告に関する刑事事件については、判決宣告期日を含む4回にわたる公判期日の何れについても、弁護人から手錠等を施された被告人の姿を入退廷に際して裁判官や傍聴人から見られないようにする措置を講じられたい旨の申入書が提出され、各公判期日に置いても、弁護人から同旨の申立がされたにもかかわらず、担当裁判官は、いずれの申立についても、具体的な方法について弁護人と協議をすることもなく、また理由も示さないまま特段の措置を取らない旨の判断をし、手錠等を施された状態のまま原告を入廷させ、また手錠等を使用させた後に退廷させたものである。これらのことからすると、本件裁判官らの執った措置は被告人の正当な利益に対する配慮を欠くものであったという他なく、相当なものではなかったといわざるを得ない」。

4．大阪地裁2019年判決によるその他の争点

⑴　刑務官の監護権と裁判官の法廷警察権の関係（権原関係）

　刑務官は、戒護権の行使として勾留中の被告人に対して手錠等を使用できるのに対し、公判期日の開かれる法廷内においては裁判長が法廷警察権の行使として、開廷前及び閉廷後の手錠等の使用を指示できるとも解されるため、被告人の入退廷時における手錠等の使用が違法であるかどうかを検討する前提として上記の刑務官と裁判長の権限の関係をどのようなものと解するかが問題となる。

　もとより、刑務官の戒護権と裁判長の法廷警察権は、基本的な目的及び性質を異にするものである以上、権限が重なり合う場面においても両権限は併存していると解される。ただし、裁判長の法廷警察権は憲法上の要請を踏まえた権限であり、その行使の要否、執るべき措置についての裁判長の判断は、最大限に尊重されなければならないというべきであることや、法廷内における両権限の行使は、究極的には、被告人の身体の保全を実現し、円滑な審理を実現するために行われるべきものであることからすれば、裁判長の法廷警察権と刑務官の戒護権とが重なり合う場面においては、基本的に裁判長の法廷警察権が優先するものと解すべきである。

　もっとも、身柄拘束中の被告人の手錠等をはずした状態とした場合には逃走の危険が生じることは否定できないから、実際上、手錠等を具体的にいかなるタイミングにおいて、どのような方法で外すかは、被告人の身柄確保に責任を負う刑事施設及び実際の護送を担当する刑務官の意向を無視して決めることができないことはいうまでもない。また、審理を担当する裁判官が手錠等を外すことを刑務官に指示した場合であっても、刑務官において被告人が逃走する危険を察知した場合には裁判官の指示を待つことなく手錠等を使用することが許される例外的な場合もあると解される。こ

のような意味で、裁判長の法廷警察権の行使は、刑事施設の意見を踏まえたものであるべきであるし、例外的に裁判長の法廷警察権の行使と独立して刑務官の戒護権の行使がされるべき場合はあるものの、前記のような権限相互の関係についての理解を前提とした場合、被告人に施された手錠等を開廷前のどのタイミングでどのような状況下で外し、閉廷後のどのタイミングでどのような状況下で使用するかという問題一般を検討するについては、基本的に、裁判長の法廷警察権の行使の在り方の問題であると整理した上で検討を行うのが相当である。

⑵　刑訴法287条1項違反との主張

　同項本文は、公判期日が開かれる公判廷において被告人の防御権保障を全うし、手続の公正を確保するため、被告人の身体を拘束することを禁じているものと解されるのであって、およそ法廷という物理的な場所における被告人の身体拘束を禁じるという趣旨まで含むものではないと解される。したがって、公判期日が開始（開廷）される前、または公判期日が終了（閉廷）した後に、原告らに対して法廷内で手錠等が使用されたとしても、刑訴法287条1項が直接規律する事項ではなく、同項に反する措置ということはできないものというべきである。

⑶　無罪の推定を受ける権利

　原告らは、手錠等は罪人を象徴する道具（戒具）であるところ、原告らに対して手錠等を施して出廷させ、裁判官や傍聴人に対して罪人や有罪であるとの印象を与えることは、被告人の無罪の推定を受ける権利に由来する利益を侵害し、憲法31条、37条、自由権規約14条2項等に反し、違憲、違法である旨主張する。

①判示

「手錠等については明治時代から戒具として利用されてきたものであり、現在でも刑事施設において一般的に使用されているものであること、現に、裁判員裁判対象事件においては裁判員に与える影響に配慮して、弁護人の要望に応じて、事前解錠の措置が執られていること等に照らせば、現在の社会一般の受け取り方を基準とした場合、手錠等を施された被告人の姿は、罪人、有罪であるとの印象を与えるおそれがないとはいえないと思われる。

しかしながら、仮に法廷内にいる傍聴人が上記の印象を抱いたとしても、そのことが公判手続の追行において被告人の地位に何らかの影響を与えるものではない。また、刑事訴訟に関する諸原則に精通し、独立して職権を行使することが保障された裁判官が、被告人の容姿等から同人が罪を犯したものであるなどといった何らかの心証を感得し、予断を生じることはおよそ想定し難い事態というべきである。そうすると、一般に被告人が無罪の推定を受けるべき地位にあるとしても、傍聴人又は裁判官が、入廷時又は退廷時に、手錠等を施された原告らの姿を見ることによって、被告人の上記の地位が脅かされるということはないといわざるを得ない。

したがって、原告らの上記の主張は採用することができない」と判示する。

②判示の致命的欠陥

この判示において致命的な欠陥を指摘するならば、以下の３点である。

第１に「無罪の推定の権利」を「一般に被告人の地位が無罪の推定を受けるべき地位」ではなく、自由権規約14条２項は条約であり、法律に優位する法規範であり憲法76条の「法律」に該当するのである。従ってこの条約を無視することはできないことである。

第２に、憲法31条と自由権規約14条２項をあげているが、それぞれ無罪推定の原則と権利について独自の内容をもっていることについて言及がない点で理解が欠けている。

第3に、刑事裁判官が被告人の容姿等から何らかの心証を感得し、予断はもたないと強調しているが、これは欧米では全く通用しないものである上に、明治、大正、昭和、平成、令和にかけて旧態依然の「裁判官の自負」「裁判官の自己過信」を述べているにすぎず、裁判官の独善である。裁判官の内心の次元ではなく、法廷における手錠腰縄姿の客観的事実が被告人の基本的人権にかかわっていることを無視していることになる。

⑷　法廷における当事者の地位や被告人の防御権

　「原告らは、入退廷時に被告人に手錠等を使用することは、公判に臨む被告人の心理に不当な作用を及ぼす結果、被告人の真意に基づく供述を困難にさせるなど、適切な防御権行使を阻害し、また、刑事訴訟手続の一方当事者である検察官との比較において、被告人のみが手錠等を使用されることは、刑事訴訟手続において保障された対等な当事者の地位を侵害することから、憲法32条、37条に反するものであって、違憲、違法である旨主張する」。

　「しかしながら、手錠等が心身に与える上記の影響は、手錠等の使用によって主に身体が物理的に拘束されることにより何らかの圧迫を受けることに由来すると考えられることからすれば、……手錠等を解かれた状態においてまで何らかの影響が残存するものとは直ちに認めがたい。よって、原告らの上記主張は採用の限りではない」。

　「また、各公判期日において、原告らは身体拘束されることなく公判手続において防御活動を行える立場にあったことからすれば、入退廷時に手錠等が使用されたとしても、検察官との関係において対等当事者としての地位が侵害されたということもできず、この点に関する原告らの主張も理由がない」と判示する。

　ここにも判決において理解が欠如している点がある。

　第1に、被疑者段階において被疑者は代用監獄等の劣悪な環境におかれ、

徹底した人格支配を受けて、その上手錠腰縄の人身拘束が起訴されるまで継続していくのであるが、第1回公判に至っても依然として手錠腰縄の人身拘束が伴う。このことから、被告人と検察官の地位は著しい格差をもたらしているのである。

第2に、刑事訴訟の構造が公判段階に至って当事者主義の形態を採用していることを教科書にて述べているが、実情はむしろ裁判官と検察官が同一体であり、これに対置して手錠腰縄姿の被告人があることになる。この実情を裁判官は無関心といえるのではないか。

⑸ 被告人が公判廷に到着後も手錠・腰縄を使用した場合、刑務官の護送に当たるか

刑務官らが公判期日における入退廷時に原告らに対して手錠等を使用したことが違法であるか否か。

「原告らは、本件刑務官らが各公判期日において原告らを入退廷させる際に法廷内において手錠等を使用した行為について、そもそも、刑務官が手錠等を使用することができる場合について定める刑事収容施設法78条1項は、手錠等を使用できる場合について『護送する場合』と定めているところ、護送とはその語義に照らして目的地である場所に到着するまでの間をいうことから、法廷という目的地に到着した以上は「護送する場合」には該当せず、本件刑務官らによる法廷内における手錠等の使用は、そもそも根拠を欠くものであって違法である旨主張する。

しかしながら、同項が、被収容者を護送する場合において、刑務官に手錠等を使用ができるものとしている趣旨は、被収容者が刑事施設の外にいる場合は刑事施設内にいるときに比べて戒護力が弱くなることから被収容者の逃亡を未然に防止し、刑事施設の規律及び秩序を維持するため戒護権の一環とした。刑務官において手錠等を使用ができるものとしている趣旨と解される」。

⑹ 手錠と腰縄の併用

　刑事収容施設法78条１項は手錠又は腰縄を使用することができると規定している。

　「原告らは78条１項は、腰縄「又は」手錠、すなわち、腰縄か手錠のいずれか一方の使用のみを認めた規定であるから、本件刑務官が、原告らに対して腰縄と手錠の両方を使用したことは違法である旨主張する。

　これに対して裁判所は、つぎのように判示する。

　「『又は』との文言は、一般に、選択的にある事柄につき、どれか１つを選ぶ際に用いられる接続詞であるが、選択されない一方を必ずしも排除する意味ではなく、少なくとも一つが成り立つとの意味で用いられる場合もあると解され、『又は』との文言を原告らが主張するように解さなければならない必然性はない。このことに加え、前記のとおり、同項が、被収容者を護送する場合において、刑務官に手錠等の使用ができるものとしている趣旨は、被収容者が刑事施設の外にいる場合には、刑事施設内にいるときに比べて戒護力が弱くなることから、被収容者の逃走を未然に防止し、刑事施設の規律及び秩序を維持するため、戒護権の一環として刑務官において手錠等の使用ができるものとしたと解されるところ、捕縄と手錠は、その拘束部位が異なり、同一の被収容者に対して物理的に併用が可能であるだけでなく、それらの併用をもって逃亡の危険をより低減させることができ、戒護の目的を十分に達成できる場合もあると考えられる。そうすると、同項の趣旨に照らしても、同項が捕縄と手錠のいずれか一方のみの使用を認めた規定であると解することは相当ではない。

　したがって、本件刑務官らが、原告らに対し、手錠と捕縄の両方を用いたことが同項に違反するものであったということはできず、上記の原告らの主張もまた採用することはできないというべきである」。

　しかし、大日本帝国憲法下においては、監獄法規則50条は、手錠腰縄については「手錠及捕縄」と併用を明記している。しかし、日本国憲法下

においては、刑事収容施設法78条1項は、手錠又は腰縄としている。「及び」と「又は」という文言の解釈の次元で解決をはかることには疑問がある（第3章参照）。

5．大阪地裁2019年判決における欠陥のまとめ

以上、検討したことをまとめると、つぎの3点になる。

①職業裁判官制度をとる日本において、法廷警察権を重視することと相まって、被告人の法廷における手錠腰縄を目撃しても、裁判官の心証において影響を受けないことを依然として固執しているのではないか。無罪の推定の権利は「法律」であり「犯罪人」として手錠腰縄姿の客観的な外形を排除することに尽きる。裁判官の心証の次元で裁判に影響しないなど把握すること自体根本的に誤っている。

②憲法13条における人格権の侵害を認めるならば、被告人に対する金額の多少は別として、損害が生じていることは当然の事理ではないか。

③裁判官に共通することであるが、国際人権法が国内法的効力をもち、憲法76条の法律に該当する。この法理に基づけば、法廷における手錠腰縄の人身拘束の抜本的改革が、例えば待機室の設置、ボックスの設置等により果たせるのに、通達の次元にとどまっており、これらの視点が全く欠落しているのではないか。

6．京都地裁・大阪高裁における国賠訴訟判決と大阪地裁2019年判決との比較検討

⑴　はじめに

京都地裁において原告は覚せい剤取締法違反等の被告人であったが、こ

の刑事裁判において、弁護人は刑事裁判官に対し、法廷における手錠腰縄の解錠を求めたが訴訟指揮が旧態依然たる訴訟指揮とあったため、国賠訴訟の提起を余儀なくされたものである。京都地裁でこの刑事裁判官はていねいな審理をする裁判官だといわれていた。しかし忌避申立てを含め再三解錠、衝立の設置を求めたが、「裁判官は有罪の心証を抱かない」との理由で拒否したのである。京都地裁は請求棄却の判決であり、大阪高裁に控訴したが大阪高裁も控訴棄却する旨の判決をした。他方大阪地方裁判所においては原告２人（いずれも覚せい剤取締法違反）が国賠訴訟を提起したが、2019（令和元）年５月判決があり、判決の要旨を本章において掲載した。

⑵　京都地裁・大阪高裁判決と大阪地裁2019年判決の検討

両者の判決を比較すると、第１に憲法13条の人格権を認めるか否かが基本的な相違点である。前者の判決は憲法13条の人格権侵害を否定し、後者が憲法13条の人格権侵害を認める点である。第２に、両者が異なるのは、京都地裁白井万久裁判官の訴訟指揮（第５章参照）があった後、最高裁から通達（書簡）が出され、この最高裁の通達（書簡）について大阪地裁判決にはこの通達（書簡）の運用実施を受け入れない裁判官を批判していることである。

⑶　画期的な大阪地裁2019年判決

両者の判決は日本の刑事裁判が職業裁判官制度を採用しているが、この刑事裁判官が欧米と異なり、①法廷における手錠腰縄の人身拘束について有罪の心証を抱かないという岩盤のような考え方は共通している。この原因はイギリスにおけるように法曹一元制度を採用しない日本の司法制度に由来する。欧米のように無罪の推定の法理の徹底さに欠けること。国際人権法の理解が欠けること。また、裁判員裁判においてすら裁判員に対して予断排除の運用をしても日本の裁判官は裁判員と別の扱いであることに矛

盾があること等が原因している。他方、大阪高等裁判所は法廷における手錠腰縄の人身拘束について「公共の福祉論に基づく公共の福祉」をもち出して判示すらしている。

戦後から日本国憲法が制定され、憲法13条、31条、B規約7条、14条2項の規定があるにかかわらず、全く理解に欠けるといってよい。これが現在の日本の刑事裁判の現状と言ってよい。大阪地裁判決は漸く原告が主張している憲法13条の内容を究めて、理解の一歩が築かれたといえよう。

7. 京都地裁・大阪高裁と大阪地裁2019年判決の争点ごとの判示の検討

最後に、各争点について、各裁判所の判示の比較検討を一覧にする。[1][2][3]

京都地裁・大阪高裁における手錠腰縄の国賠訴訟判決と大阪地裁における手錠腰縄の判決にどのような点が異なっているか検討してみる。

各裁判所において法廷警察権、憲法13条の人格権、無罪推定の権利、刑訴法287条、刑事収容施設法78条、被告人の防衛権（対等当事者の地位）の各事項の争点をみるに、結局日本の裁判官は職業裁判官制度を採用している関係上、各事項の争点は大同小異であることがわかる。唯大阪地裁の判決は憲法13条の人格権を認めたことがあげられ、この点はわが国にお

---

*1　里見佳香（新潟青陵大学助教授〔提出時〕）は法廷の手錠腰縄の人身拘束につき、国際人権規約の見地からすぐれた意見書（2018年6月6日）を裁判所に提出された（巻末資料1）。

*2　辻本典生「法廷内における手錠腰縄と被告人の人権」季刊刑事弁護87号（2016年）136頁。川﨑真陽「いつまで続く!?見過ごされてきた法廷内の人権侵害──法廷内での手錠腰縄国賠訴訟を振り返る〔大阪地判令和元年5月27日〕」吉原秀ほか『代理人たちの憲法訴訟』弘文堂、（2022年）。

*3　京都地裁、大阪高裁の判決は法廷警察権の行使の裁量が広い最高裁判例を金科玉条としていること、そして大阪高裁は公共の福祉論まで判示に及んでいることが注目される。公共の福祉論は国際自由権規約の法理からは排斥されることになる。

ける最初の判例である。

	京都地裁2018（平成30）年６月20日判決 大阪高裁2019（令和元）年９月14日判決	大阪地裁2019年（令和元）年５月29日判決
法廷警察権	**（京都地裁）** 最高裁平成元年３月８日大法廷判決　民集43巻２号89頁「裁判官の法廷警察権の行使は裁判官の広範な裁量に委ねられ被告事件の内容、性質、被告人の状況、傍聴の状況、法廷の裁判所庁舎の設備状況、護送職員の体制等も諸般の事情を考慮すること」。 **（大阪高裁）** 同旨 但し、大阪高裁は昭和32年５月７日矯正局通達、平成５年７月10日最高裁事務総局刑事局長通知の判示あり。京都地裁は白井万久裁判官の訴訟指揮については言及はなく通達についても判示なし。傍聴人のメモを取る自由と憲法21条の関係でレペタ判決がある。（憲法規範と法律規範の関係）	法廷警察権に基づく裁判官の措置は、それが法廷警察権の目的、範囲に著しく逸脱し又はその方法が甚だしく不当であるなどの特段の事情なき限り違法の評価を受けないとする。（最高裁判決平成元年３月８日）（第３章） 裁判長の法廷警察権は憲法上の要請を踏まえた権限でその行使の要否ととるべき措置について裁判上の判断は最大限尊重されなければならない。

第14章　憲法13条の人格権侵害を認めた大阪地裁2019年判決　　127

| 憲法13条
人格権 | （京都地裁）
被収容者に対する手錠等の使用目的である逃走の防止が公共の福祉に反することは明らか。被収容者が罪を犯したかのような印象を抱き、又被拘束者自身が無力感を覚えるなど被拘束者の名誉感情が害される恐れが否定できないことは認める。しかし被告人に一定程度害されることがあっても憲法13条に違反するとはいえない。

（大阪高裁）
被告人の法廷における手錠腰縄を傍聴人に見られることは屈辱的なことであり自尊心を傷つけるなどし、人格的利益や名誉感情を害される恐れである事実は認める。しかし、「公共の利益」の見地から出廷においては事故や被告人の逃走等を防止するため裁判官の法廷警察権の行使の関係で一定の制約を受けざるを得ない。 | 出廷において傍聴人に手錠等を施された姿を見せられたくないとの被告人の利益ないし期待についても法的な保護に値するものというべきである。（第14章大阪地裁判決参照） |

無罪推定の権利	（京都地裁） 手錠等を施された被告人の姿を見たとしても裁判官も傍聴人も直ちに被告人が有罪の印象を抱くとは言えない。仮にそのような印象を抱くことがあるとしても刑事裁判手続きに影響を及ぼさない。 （大阪高裁） 手錠等を施された被告人の姿を見たとしても裁判官はもとより傍聴人においても直ちに被告人が有罪の心証を抱くまでとは言えないし仮に傍聴人が有罪との印象を抱くことがあるとしてもそれが刑事公判手続に影響を及ぼすことは考え難い。	傍聴人が抱く印象は公判手続の遂行において被告人の地位に影響を与えて裁判官が被告人の容姿等から何らかの予断を生じることは想定し難い。
刑訴法287条	（京都地裁） 同条の趣旨は公判廷における被告人の自由な防禦活動を保護し且つ手続の公正を確保すること。被告人を含む訴訟関係人が訴訟活動を現に行う場「手続を行う場」が公判廷である。単なる場所的の物理的な概念ではない。 （大阪高裁） 法廷という物理的な場所で被告人の身体拘束を禁じる趣旨まで含むものではない。	同旨

| 刑事収容施設法78条 | （京都地裁）
護送する場合とは被収容者の逃走等を防止する十分な人的物的設備がなく逃走等の恐れが類型的に高まることに基づくものと解されるから被収容者を刑事収容施設外に連れ出す場合に関するものと解される。被告人が入廷してから事件の実体に関する審理のための手続が開始されるまでの間及び同手続が終了してから退廷するまでの間も「護送」に含まれる。明らかに逃走等の恐れがないと認められる場合にはその使用が許されないというにとどまる。「又は」は一般的な用法として択一的ではない。現実に併用の必要性があり単独使用と併用使用とが被収容者に生じる不利益と著しく異なることはない。併用を排除する趣旨ではないこと。

（大阪高裁）
護送する場合には逃走等を防止する十分な人的、物的設備がなく、逃走等の恐れが類型的に高まることから、腰縄又は手錠を使用するための用件として、78条1項各号の要件を満たすことは要求されていない。護送する場合、手錠等を使用するための要件として積極的に手錠等を使用する必要性、相当性が要求されるものではなく、明らかに必要性、相当性を欠く場合にのみその使用が許されないことにとどまる。 | 刑事施設の外に被告人がいる期間は、移動中か否かにかかわらず、又、その場所が法廷であるかどうかにかかわらず「護送する場合」に該当する。そして、「護送する場合」の手錠等の使用については、刑務官の専門的知識及び経験等に基づく合理的な裁量に委ねられているとした。また、手錠と腰縄の併用については、次のとおり判示した。「又は」との文言は、選択されない一方を必ずしも排除する意味ではなく、少なくとも一つが成り立つとの意味で用いられる場合もある。腰縄と手錠は、その拘束部位が異なり、同一の被収容者に対して物理的に併用が可能であるだけでなく、それらの併用をもって逃亡の危険をより低減させることができ、戒護の目的を十分に達成できる場合もある。 |

被告人の防禦権（対等当事者の地位）	（京都地裁）入廷時に手錠等が外さないことが直ちに被告人と検察官との対等性を害するとは解されないこと。憲法32条、37条に違反しない。（大阪高裁）入廷時に手錠等を施されていることが直ちに被告人と検察官との対等性を害しない。憲法32条、37条の権利を侵害しない。	手錠等が心身に与える影響は手錠等の使用によって被告人の身体が物理的に拘束されることにより何らかの圧迫を受けることに由来することからすれば手錠等を解かれた状態においてまで何らかの影響が残存するものとは直ちに認めがたい。

第15章

法廷における手錠腰縄の廃止に向けての運動の拡がり

1. はじめに

　前述したように、大阪地裁2019年判決による法廷における手錠腰縄の判決は、日本の裁判官が最高裁通達を受け止めていないことを「警告」し、法廷における施錠が憲法13条に基づく人格権の侵害である旨判決した。この点は、法廷における手錠腰縄の廃止の潮流の一歩になりうるものである。[*1]

　しかし、ここに大きく2つの問題が横たわっている。

　1つは、大坂地裁2019年判決、京都地裁判決・大阪高裁判決に共通することであるが、裁判官の法廷警察権の最高裁判決（平成元年3月8日）を引用して可能な限り拡げる志向があることである。とりわけ京都地裁・大阪高裁は「広範な裁量に基づいて刑事被告事件の内容や性質、被告人の状況、傍聴席の状況、法廷等の裁判庁舎内の設備の状況、護送職員の態勢等諸般の事情を考慮すること」と判示するのである。これであっては問答無

＊1　山下潔「廃止の潮流にある法廷における手錠腰縄の人体拘束」法学セミナー2019年12月号。

用の現状肯定の論理というしかない。なぜなら日本の裁判官は、全員といってよく法務省等に対して「裁判所庁舎の設備の状況」について改革の意思を持たないからである。日本の裁判官全員は韓国に赴き法廷の設備の状況や待機室を見学してほしいと言いたくなる。裁判官が法廷において被告人の施錠の外形的事実について影響を受けないと言うが、このこと自体、被告人の「人権」があることを考えないことを意味する。最高裁は何世紀にもわたるこの法廷における施錠問題について、予算措置をとって法廷の待機室の設備をとることが急務となっている。

2つは、この問題は日本弁護士連合会傘下の各弁護士会の会員の問題でもある。けだし、弁護士法1条は、基本的人権を擁護し、社会正義の実現を使命としているから、憲法13条の個人の尊厳の内容を深めることにつながることになる。戦後80年になるが、この間この問題が正面から取り上げられないこと自体、弁護士の本質を問われかねない。

この2つの課題について、弁護士会が運動として取り組むことになった。その概要は次のとおりである。

2. 大阪弁護士会に法廷内手錠腰縄問題プロジェクトチーム発足

各地で法廷における手錠腰縄の人身拘束を辞めさせる運動が少しづつ拡がりつつある。大阪弁護士会においても法廷内における手錠腰縄問題を考えるプロジェクトチームが、2017（平成29）年4月から発足している。また、日弁連、近畿弁護士会連合会においても、この問題を取り扱うPTがすでに発足している。

そして、弁護人が刑事裁判において勾留されている被告人が裁判官に対して必ず手錠腰縄の姿を見せない訴訟指揮をされたいと申入れする際の書式を作成した（本章末尾資料参照）。

3．大阪弁護士会シンポジウム

　大阪弁護士会でプロジェクトチーム発足前に、2016（平成28）年1月16日、大阪弁護士会主催の「法廷内の手錠・腰縄は許されるか？―刑事被告人の人格権・無罪の推定を受ける権利―」と題するシンポジウムが行われた。

　その中で、青砥洋司弁護人の基調報告、刑事被告人のアンケート調査結果報告および辻本典央近畿大学教授の「法廷における手錠腰縄と被告人の人権」の講演のあとパネルディスカッションがなされた[*2]。

4．近畿弁護士会連合大会と同連合会人権擁護委員会によるシンポジウム[*3]

　このシンポジウムは2つの調査が柱になっている。1つはアンケート調査である。被告人26人に聞いたところ、80％が「恥ずかしかった」、61％が「見られたくなかった」、「裁判官に罪人と思われている」が64％。

　2つは、海外（韓国・ドイツ・イギリス・フランス・アイルランド）調査である。韓国では入廷前に待機室内で解錠、EU諸国でヨーロッパ議会は公衆の面前で拘束具を使わないことを要請している。

　これを受けて、近畿弁護士会連合会は、2017（平成29）年12月1日、大会決議を行った。

　法廷における手錠腰縄の人身拘束に対して正面から取り上げて決議したのは初めてである。

＊2　大阪弁護士会「法廷内の手錠・腰縄は許されるか？～刑事被告人の人格権・無罪推定を受ける権利～」報告書。
＊3　近弁連人権擁護委員会「ストップ！　法廷内の手錠腰縄」基調報告書（2017年）。

決議は、各裁判官、各刑事施設長及び留置業務管理者に対し、逃走・自傷他害・器物損壊の個別具体的なおそれがない限り、入退廷時にも、被告人に手錠腰縄を使用しないことを求めるだけでなく、弁護士・弁護士会も、これまで十分に自覚的でなかったことを省みて、弁護活動に努める注意を表明するものである。

5．大阪地裁2019年判決にもとづく最高裁通達（書簡）の活用

公開法廷において人身拘束を受けている被告人は、傍聴人に手錠腰縄姿を見られたくないことは、人格的利益として法的保護に値するのである。これは、憲法13条の人間の尊厳としての人格権を認めたものと考えられる。

この判決は手錠腰縄の解錠方法について３つの具体的方法を指摘している。①法廷の被告人出入口の扉のすぐ外で手錠等の着脱を行うこととし、手錠等を施さない状態で被告人を入退廷させる方法、②法廷内において被告人出入口の扉付近に衝立等による遮へい措置を行い、その中で手錠等の着脱を行う方法、③法廷内で手錠等をほどいた後に傍聴人を入廷させ、傍聴人を退廷させた後に手錠等を施すこと。

同判決は最高裁判所事務総局から各裁判所所長宛通達（書簡）を出していることを踏まえて、裁判長は、「被告人の要望に配慮し、身柄拘束についての責任を負う拘置所と意見交換し、施錠及び解錠をどうするか、その結果を踏まえて弁護人と協議を行うなどして、具体的な手錠等解錠及び施錠のタイミングや場所について判断し、刑務官等に対して指示することが相当」であるとした。この地裁の判決は、手錠・腰縄を施された被告人の姿を見られないようにしてほしいという弁護人の申入れに対し、何らの[4]

＊4　大阪地方裁判所に対する申入書（章末に掲載）。

協議等をすることもなく対応しない裁判官の措置を相当でないと判断した。この点でも当面運用の指針として意義がある。運動として判決と通達（書簡）を活用するべきである（第4章・第14章参照）。

6. 日本弁護士連合会の取組み

⑴ 徳島人権擁護大会における報告

　日本弁護士連合会人権擁護大会における事業活動報告によって会員に理解を深めた。日弁連は徳島の人権擁護大会（2019年8月29日）において次のように報告した。

　「刑事事件の被疑者・被告人が裁判所の法廷に入廷してから手錠を解かれるまでの間、それから審理終了後に退廷するまでの間に、手錠・腰縄をされた姿を法廷内でさらされていること、そしてその姿を傍聴人や裁判官、書記官などの訴訟関係人が目のあたりにしていることは、私たち弁護士にとっても、見慣れた日常の光景でした。私たち弁護士は、当事者にとっては耐えがたい苦痛であることを見過ごしてきたのです。

　そこで、ようやく日弁連人権擁護委員会内に手錠・腰縄問題プロジェクトチームが立ち上がりました。このプロジェクトチームでは、被疑者・被告人が、その意思に反して、法廷内で手錠腰縄姿をさらされないようにする運用の確立を目指しています。（中略）

　2019年（令和元年）の5月27日の大阪地裁判決が、法廷において傍聴人に手錠等を施された姿を見られたくないとの被告人の利益ないし期待についても法的な保護に値するとした上で、弁護人等から手錠・腰縄について適切な措置を求める申し入れがあった場合、裁判所は、拘置所等と情報交換や意見交換をして解錠・施錠の具体的なタイミング等を検討し、刑務官等に指示すべきである旨を判示してからは、大阪だけではなく、滋賀県、

静岡県及び愛知県の裁判所では、パーテーションを利用するなどして、手錠腰縄姿に配慮される措置が取られるようになりました。また、宮崎県の弁護士会も動き出していると聞いています。この動きは、新聞などでも大きく取り上げられ、全国的な動きになりつつあります」。

⑵　日弁連人権擁護委員会手錠腰縄プロジェクトチーム発足

2018年（平成30）年8月、日弁連人権擁護委員会手錠腰縄プロジェクトチームが発足し、シンポジウムや全国の弁護士会への働きかけなど活発な活動を展開するとともに、意見書や実態調査が行われた。

① 2018年（平成30）年11月2日　手錠腰縄の人身拘束のシンポジウムの開催

② 2021年（令和3）年6月24日「手錠腰縄問題全国経験交流会」

③ 日本弁護士連合会「刑事法廷内における入退廷時に被疑者または被告人に手錠・腰縄を使用しないことを求める意見書」（2019年10月15日）

④ 日本弁護士連合会（事務総長）から52弁護士会会長宛アンケート調査
　　憲法13条における人格権が認められたのは監獄法施行後113年の歳月を経た判決である。刑事弁護人は弁護士の使命である人間の尊厳確保のために解錠の申入れを実践することが肝要である。

⑤ 全国地裁において法廷における手錠腰縄の解錠の状況調査
　　大阪地裁を中心として刑事弁護人の努力にて漸く裁判官に解錠する旨の配慮がみられる。しかし、弁護人が人権感覚を持ち憲法13条における個人の尊厳の尊重を究める活動をしている自覚を持って戦うことを望まない限り、大阪地裁においても裁判官は何らの措置を取らない傾向がある。いわゆる権利に眠る以上救われないのである。

　　全国の報告についても多くはないが福岡県弁護士会の報告に見られるように手錠腰縄の人身拘束が大阪地裁判決に見られるような憲法における人格権の侵害が認められているにかかわらず、ほとんど解錠の実現が

みられず未だ深刻な状況にあると考えられる。全国各弁護士会の報告例は少ない。福岡県弁護士会における報告例は多くみられるものの、そもそも「被告人の手錠腰縄姿が晒されない措置を求める申し入れ書」すら活用されていない。この運動の主力は弁護士会であることを銘記して取り組まれなければならない。

　全国各弁護士会において刑事弁護委員会、人権擁護委員会等を中心として憲法13条における人間の尊厳確保のため活動の一環として位置づけることが望まれる。少なくとも点から線へ発展しない限り、未だ深刻な状況があるといえよう。

7．新聞関係による報道

　この間、マスメディアの中で手錠腰縄問題に関する関心が高まり、以下のように積極的な報道がなされるようになった（巻末資料4参照）。

2017年（平成29年）12月2日付朝日新聞

2017年（平成29年）5月2日付朝日新聞「法廷で手錠人権侵害」

2016年（平成28年）9月29日付朝日新聞「裁判前から犯人」

2019年（令和元年）7月15日付毎日新聞「法廷内手錠広がる配慮」

2019年（令和元年）9月2日付朝日新聞「入廷時についたて　裁判所で広がる」

　これらが相まって、法廷内の手錠腰縄による人身拘束がなくなる大きなうねりになることを期待するところである。

【資料】

申入の趣旨

　法廷内で被告人の手錠腰縄姿が晒されないような適切な訴訟指揮をとられ
るよう申し入れます。

申入の理由

　被告人からすれば、手錠腰縄姿は屈辱的であり、傍聴人のみならず、訴訟
関係人も含めて誰にも見られたくない姿です。

　裁判所は、対等な訴訟当事者の立場を最大限配慮すべき立場にあることか
らすれば、被告人の手錠腰縄姿が晒されないように配慮するための適切な訴
訟指揮権を行使することが期待されています。この点、2019年5月29日の
大阪地裁判決は、弁護人等から手錠・腰縄について適切な措置を求める申入
れがあった場合、裁判所は、拘置所等と情報や意見交換等をして解錠・施錠
の具体的なタイミング等を検討し、刑務官等に指示すべきである旨判示して
います。

　そのため、被告人の入退廷に際して、

1　入廷前の控え室において解錠及び施錠をする

2　衝立等で被告人の解錠及び施錠が見られないようにする

3　傍聴人がいない法廷で解錠及び施錠をする

などの方策が考えられますので、裁判所の適宜の訴訟指揮により、適切な措
置をとられるよう申し入れます。

第16章 ||||||||||||||||||||||||||||||||||||||||||||||||||||||||||||||||||||||||||||||

廃止の潮流にある法廷における手錠腰縄の人身拘束

——最高裁判所・法務省・日本弁護士連合会に対する手錠腰縄につき
政策提言

1. はじめに

　憲法13条の人間の尊厳の尊重、（世界人権宣言を法典化した）国際自由
権規約7条（品位を辱める取扱）、14条2項（無罪の推定を受ける権利）
は一種の地球規模における普遍的な権利であり基軸的な権利である。日本
においては、これらの権利の確保の点でいえば100年以上遅れていると
言ってよい。職業裁判官制度を基本にして、法廷における手錠腰縄の人身
拘束について、裁判官は心証において影響を受けないとして、最高裁判所
が法廷警察権の法理を万能にしている限り、地球規模における普遍的、基
軸的権利の保障確保の見地からみるならば時間の経過はあるとしても法廷
における手錠腰縄の裁判所の法的判断が破綻することは必至であろう。

　卒直に言って法廷における手錠腰縄の人身拘束は日本の法務省、最高裁
の態度が旧態依然であり、韓国に比して約100年以上遅れていると言って
過言ではない。

　日本国憲法が制定されて60年以上の歳月を経過した中で大阪地方裁判
所（2019年）が被告人の法廷における手錠腰縄の人身拘束を憲法13条の

人格権の侵害になるとの判決をするに至った。この判決は日本において手錠腰縄の人身拘束の廃止の潮流の芽となることを意味している。これはあくまで裁判所の判決である。大阪地裁判決により憲法13条による人格権の侵害が認められたが依然として法廷における手錠腰縄は廃止されていない。廃止するために運動的見地から取り組まなければならない。この芽を、裁判所の判決を獲得することに注力するのでなく運動として弁護士会において十分な理解をされること、そして国民的世論にまで引き上げる努力が廃止の潮流を強めることになろう。この問題が廃止の潮流にある以上、裁判所による判決に求めることより裁判所の外における国民の理解を深め運動を強めることが大切である[*1]。

筆者は当面２つの見地から法廷における手錠腰縄の廃止の方策を考えた。

１つは、法務省・最高裁はすみやかに韓国の実情調査をすべきである。

２つは、日本弁護士連合会人権擁護大会のテーマにして弁護士の関心を高めることである。

この問題が廃止の潮流にある以上、この問題は裁判所による判決に求めることよりは戦場の主力は裁判所の外における国民の理解を深め運動を強めることが大切である。

２．求められる法務省、最高裁の韓国実情調査

法廷における手錠腰縄の人身拘束について抜本的解決をはかるには、法務省、最高裁は韓国における実情調査をすることである。とりわけ、韓国

---

*1　広島地裁判決（令和５年４月19日）は、法廷警察権の裁判官の自由裁量により最高裁判所に て一蹴された。大阪地裁における判決は一審で確定し控訴しなかったのは、運動により法廷における手錠腰縄の人身拘束を廃止の方向に取り組むことが急務であることが確認されたからに他ならない。

における法廷横の待機室を開設することが設備予算や人権の配慮から考えても最良と考えられるのである。この待機室の開設によって、憲法13条による人権侵害、刑訴法287条、78条、国際人権法9条、10条、14条2項、更には裁判所が最高裁判決を軸として依拠する法廷警察権の問題等が根本的に解消することになる。この待機室のことを法務省、最高裁は知悉しているとすれば明治憲法以来100年以上にわたり被疑者・被告人の基本的人権を犠牲にしていることになり、罪深い歴史となっていることを意味する。

3. 日弁連人権擁護大会のテーマにして弁護士の関心を 高めることが急務

　他方、1949（昭和24）年には、弁護士法が制定され、弁護士は、弁護士法1条の「基本的人権を擁護し、社会正義を実現することを使命とする」弁護士の活動は公益性を有する。

　弁護士が、擁護すべき基本的人権、社会正義の実現の中で中核的・基軸的価値を有するものは、個人の人格の尊厳の尊重及び確保である。いままで述べてきたとおり、これは、日本国憲法、世界人権宣言を含む国際人権条約の中核的権利の一つである。弁護士が、個人の人間の尊厳の確保・実現のために活動することは、憲法13条等によって究め、保障される活動であるといわなければならない。

　法廷における手錠腰縄の人身拘束は、大日本帝国憲法下においてほとんど問題視されなかったと言えるが、日本国憲法下においても75年にわたって依然として旧態依然の状況となっている。この打開の途がようやく開かれようとしている。しかし、弁護士法1条の使命を担っている弁護士とその所属弁護士会及び日本弁護士連合会は抜本的な改革の方向を見出せずにいる。日弁連傘下の52単位弁護士会には国選弁護委員会や国選弁護を担当している弁護士が多数存在する。国選弁護において一人ひとりの弁護人

が法廷における手錠腰縄の廃止のために、一斉に裁判所に申し入れることにより、この問題の改善がはかられるのではないか。このために各単位会において取組みの協議を重ねるとともに、各単位会で総会決議をして国選弁護人は全員申入れを義務化することを含めて、人権擁護大会のテーマにして大多数の弁護士の関心を高めることが必要である。

　法廷における手錠腰縄の人身拘束は小さな問題ではなく、それを解決することは日本の民主主義の成熟度を示すものであり、憲法13条の個人の尊厳の価値を深めることになる。

【資料1】

京都地方裁判所平成28年（ワ）第815号損害賠償請求事件に関する意見書

里見佳香

新潟青陵大学　福祉心理学部　社会福祉学科　助教*

　本意見書は京都地方裁判所平成28年（ワ）第815号損害賠償請求事件の京都地裁における審判に際し提出したものである。当時のものをほぼそのまま掲載する。＊肩書きは当時のものである。現在は、新潟青陵大学福祉心理子ども学部　准教授である。

I　前提

　京都地方裁判所平成28年（ワ）第815号損害賠償請求事件に関する本意見書は、国際法学の立場から、本件において留意すべき諸要素を検討し、明らかにすることを目的としている。本意見書で特に着目するのは、日本が締約国である国際的な人権保障を目的とする条約（以下、「国際人権条約」）、特に「市民的及び政治的権利に関する国際規約」（以下、「規約」）である。日本が批准している規約の運用において、被告人が国際法上いかに扱われているかを明らかにする。

　そもそも人権問題は長らく、該問題が生じている国家の管轄事項とされてきた。他国や国際法は、ある国で人権侵害が発生しても関与することはできないと考えられた時代がある。しかし、この結果が国家による自国内での合法的な人権侵害へとつながり、第二次世界大戦へと発展した。戦後、国際社会はこうした教訓をふまえ国際連合を創設し、その主導の下、世界人権宣言を採択して、各国の人権問題に対し国際社会が関与していく方向性を打ち出すに至った。本意見書で扱う

国際人権条約は、この世界人権宣言を国際社会の法とすべく採択されたものであることを最初に記しておく。

1　日本の国法体系における国際人権条約の地位

日本では日本国憲法98条2項の規定に基づき、条約を含む国際法について一般的受容体制を採用している。条約は批准後の公布とともに、自動的に日本の国内法としての効力を有する。本件において適用されるべき規約等も例外ではない。条約の日本における国法体系の効力順位は、日本国憲法より下位でかつ、国会の制定法よりも上位にあると解されている。

特に日本が批准し公布した条約が国会の制定法よりも上位にあることは、学説上も実務上も争いがない。したがって、国際人権条約に反する国会の制定法は、条約に適合するよう改正されねばならない。同じ理由から、国際人権条約に違反する法律に基づく行為もまた違法である。

これらのことから、日本の裁判所には、問題とされる国会の制定法とそれに基づく行為が、日本が批准しかつ公布し、国内法としての地位を有する国際人権条約に適合しているかどうかが問われている場合、これを判断することが求められる。

従来日本の裁判所は、国際人権条約を直接適用して当該条約違反の有無を直接認定する一方で、日本国憲法もしくは国会の制定法の規定又はこれらに基づく行政行為を司法判断する際の指針として国際人権条約を援用する手法をみせてきた。国際法学では、前者を「直接適用」、後者を「間接適用」とよんでいるが、どちらの手法を裁判所が採るにしても、日本国憲法98条2項が定める国際法の誠実な遵守義務に合致している。なお、間接適用という場合には、当該事件で示される裁判所の法解釈や司法判断を補強する場合に、裁判所が国際人権条約を用いる手法も含まれる。

したがって、被告人に対する身体の拘束については、それが国会の制定法である法律に基づいた合法の措置であるのみでは不十分であり、さらにその措置が、日本が批准し、国内法としての効力をもつ国際人権条約の規定に合致していることが求められる。

【資料1】京都地方裁判所平成28年（ワ）第815号損害賠償請求事件に関する意見書　　145

なお、本意見書で扱う国際人権条約の各条文は、日本の裁判所でこれまで裁判規範として認められている。

2　国際人権条約の解釈方法

次に、本意見書で取り上げる規約の解釈方法について論ずる。国際人権条約に限らず、条約文を解釈する際には、日本も締約国である「条約法に関するウィーン条約」（以下、「条約法条約」）に依拠することが求められる。日本が条約法条約を批准し、国内法としての効力をもたせたのは1981年である。この点、特に規約を批准したのがそれ以前の1978年であり、条約法条約の規定には遡及効がないことから、条約法条約の条約解釈の規則は一見規約には適用がないようにも思われる。しかし、条約法条約が定める条約に関する諸規則は従前の国際慣習法を明文化したものであるため、条約法条約が規定する条約解釈に関する規則は国際慣習法上のものとして、規約を解釈する際にも有効であることを確認しておく。

条約法条約によれば、条約の解釈規則を、まずその31条1項で次のように定める。

条約法条約31条（解釈に関する一般的な規則）

1　条約は、文脈によりかつその趣旨及び目的に照らして与えられる用語の通常の意味に従い、誠実に解釈するものとする。

この条文中の「文脈」とは、同31条2項で、①「条約文（前文及び附属書を含む。）」、②「条約の締結に関連してすべての当事国の間でなされた条約の関係合意」及び③「条約の締結に関連して当事国の1又は2以上が作成した文書であってこれらの当事国以外の当事国が条約の関係文書として認めたもの」の3つを含めると定められている。また、同条3項は、「文脈」とともに考慮されるものとして、①「条約の解釈又は適用につき当事国の間で後になされた合意」、②「条約の適用につき後に生じた実行であって、条約の解釈についての当事国の合意を確立するもの」及び③「当事国の間に関係において適用される国際法の関連規則」の3つを挙げている。また、同32条では、条約文の解釈の補助手段として、「条

約の準備作業及び条約の締結の際の事情」に依拠することができるとしている。

このように、条約法条約は、「用語の通常の意味」を「文脈によりかつその趣旨及び目的に照らして」明らかにすることを基本にしつつ、「意味」を明らかにするための諸要素を定めている。条約法条約に従った解釈の具体例は、本意見書が以降で示した規約等の条約の解釈である。ここでは、条約法条約の31条1項に基づき、各国際人権条約の「趣旨及び目的に」照らして当該条文を解釈し、文脈として「条約文」と「前文」を用いた。また、32条に従い、条約文の解釈の補助手段として、規約の起草過程を用いている。

さて、国際人権条約は、締約国が人権保障義務を履行しているかどうかを監督するため、それぞれに履行監視機関を設けている。規約は28条で、「規約人権委員会（human Rights Committee）」（以下、文脈により明らかな場合は「委員会」とする）を履行監視機関として設置しており、委員会はその活動を通じて規約の解釈を独立の立場から示している。この解釈の権限は、規約40条4項及び42条7項並びに規約の選択議定書である「市民的及び政治的権利に関する国際規約の選択議定書」（以下、「議定書」）5条4項に基づいて認められている。議定書は、その締約国により規約が定める人権規定の侵害の被害を受けたとする個人（通報者）からの主張を委員会が受理し、検討する「個人通報制度」を設けるものである。本制度を通じて、規約人権委員会は具体的な事件に対して、それが規約に違反するものかどうかを司法的に判断し、それを「見解（views）」として表明する。

また委員会は、締約国から提出される同規約の遵守状況が記載された定期報告書を、規約40条に基づいて審査し、その結果を「総括所見（concluding observation）」として公表する。さらに委員会はこれらの活動に基づき、規約の規定を解釈した「一般的意見（general comments）」を公表している。委員会には条約の履行監視機関として、締約国の人権保護の実体を審査する権限が与えられており、その審査の際に条約の規定を具体的に適用して解釈を導き出している。各締約国は委員会の条約解釈を尊重し、もしその解釈が受け入れられないのであれば、説得的な反論や説明をなす義務を負う。

以上のことから、締約国が国際人権条約の条文を解釈する際には、条約履行監視機関である委員会の示す解釈を十分に重みのあるものとして常に尊重する必要

【資料1】京都地方裁判所平成28年（ワ）第815号損害賠償請求事件に関する意見書　　147

があり、それは、条約法条約31条1項が条約解釈において求める「誠実に解釈」することに適う。

　上述の如き条約履行監視機関の人権条約の解釈に対する考え方は、日本の裁判所の判例中にも浸透しているといってよい。例えば、平成16年3月9日の大阪地方裁判所の判決は次のように述べる。

　　　「[規約人権委員会の]ゼネラルコメント[（＝general comments）] ないし上記各国際連合決議がその締約国ないし国際連合加盟国に対して法規としての拘束力を有するものではなく、ゼネラルコメントを規約の解釈の参考とする際には各国の歴史、伝統等の背景事情を踏まえるべきであることは被告が指摘する通りであるが、かかる拘束力の有無と規約の解釈に当たって参考とされるか否かとは別個の問題であるし、規約14条3項が、我が国の憲法も採用する法の支配の理念及びその内容たる適正手続の要求にも適合するものであることからすれば、日本国の歴史、伝統等の背景事情を踏まえたとしても、少なくとも規約14条3項の解釈に当たり、ゼネラルコメントが相当程度参考とされるべきであることに変わりはない。」

　日本国憲法はその98条2項で、国際法規の遵守義務を定めている。そもそも本規定が憲法に組み込まれた背景には、「日本は条約を守らない」という国際社会の日本に対するマイナスの印象を払拭し、「諸外国や国際機関から、日本が国際法を守らないという批判や非難を招かぬよう義務づけた規定である」とされている。実際、こうした学説は、昭和21年9月26日に開会された第90回帝國議會の貴族院での審議の内容等からも裏付けられる。こうした日本国憲法98条2項の趣旨から勘案しても、条約履行監視機関の条約解釈に対しては、国際人権条約の解釈が問題となっている際には、参考とされるべきである。

　その他まとめると、国際法の中でも主に用いられる条約とは、「二国以上の間において文書により取り結ぶ合意」、とりわけ既存の法に従った合意を指す。これら条約適用のルールについて定める条約法条約は、その前文で「合意は守られねばならない」という原則を確認している 。本原則はいわば国際法の公理であり、

国際法主体間、例えば主権国家間の合意法たる国際法が拘束力をもつことの根拠を示している。また、効力を生じた条約は、かかる基本原理にしたがって当事国を拘束し、当事国はこれを誠実に履行する義務を負う。さらに、条約義務を免れる根拠として自国の国内法を援用し得ないことは同27条が定めており、国際判例でも十分に確立しているといえる 。つまり、日本は自らが取り結んだ条約を遵守する法的義務を負う。

繰り返し強調するが、条約に対する一般的受容体制をとる日本においては、条約は批准・公布されればすべて国内的効力をもつ。批准後の条約は、日本の国法体系においては、日本国憲法の下位、法律の上位に位置する。したがって条約とは、憲法のコントロールを受けつつ、法律に優位する地位を与えられ、国内で適用される法である。

Ⅱ　本論

上記をふまえ本論に入る。起訴後の被告人がいわゆる手錠・腰縄を身につけ捕縛された状態で公判廷に入る取扱いについては、かねてより無罪推定の原則を侵し得るとの指摘がなされてきた。実際に、市民が職業裁判官とともに合議体を形成する裁判員裁判においては、一般市民である裁判員の心証に影響し得るとの理由に基づき、平成21年7月24日付け通知（法務省矯正第3666号）によって、裁判官および裁判員の入廷前にこれらを外せる運用が行われている。また、少年事件においては「ついたて」で隠すことにより傍聴人に少年の手錠腰縄姿を見せない運用がとられており、京都地裁や津地裁の一部でも、裁判官や傍聴人等に手錠・腰縄姿を見せない運用措置がとられたことがある。

それでは、それ以外の刑事事件につき手錠・腰縄をなす現制度には問題があるか。日本における被告人の手錠・腰縄問題に関連し、対応し得る国際人権規範は多数ある。中でも、拘束力のある条約で関連するものをみると、1966年に国連で採択され、76年に効力発生した多数国間条約である自由権規約がその主なものとなる。

【資料1】京都地方裁判所平成28年（ワ）第815号損害賠償請求事件に関する意見書　　149

日本は1979年6月に規約の批准書を寄託し、同年9月21日に国内で発効した。法はとりきめられるのみならず、実際に履行されねば意味を成さない。規約を実施するための専門機関として設置された委員会の実行や、その他の関連する国際人権法の規定も併せ、本件を解釈する。

1　「拷問又は残虐な刑の禁止」の違反

規約7条は以下のとおり定める。

第7条【拷問又は残虐な刑の禁止】

何人も、拷問又は残虐な、非人道的な若しくは品位を傷つける取扱い若しくは刑罰を受けない。特に、何人も、その自由な同意なしに医学的又は科学的実験を受けない。

7条は、拷問やその他の非人道的な行為等に対する個人の尊厳と肉体的・精神的保全（physical and mental integrity）を目的とする（一般的意見20　para. 2）。前述した世界人権宣言の5条に起源をもつ規定であり、何人であっても、拷問又は残虐な、非人道的な若しくは品位を傷つける取扱い若しくは刑罰を受けないことを定める。本条の定める「何人も」という用語は当然に被告人を含む。また本条の定める禁止は、身体的苦痛をもたらす行為のみならず、被害者に対し精神的苦痛をもたらす行為に及び（一般的意見20、5項）、さらに、いかなる事態においても締約国が逸脱不可能（ノン・デロゲーブル）な条項である（規約4条2項）。

本条は「拷問」の他にも、「残虐な取扱い又は刑罰」、「非人道的な取扱い又は刑罰」、「品位を傷つける取扱い又は刑罰」を禁ずる。「残虐な取扱い又は刑罰」若しくは「非人道的な取扱い又は刑罰」とは、「拷問」と判断される要素を欠いたゆえに拷問とは認定されないような、あらゆる形態の、深刻な苦痛をもたらす行為をいう。「品位を傷つける取扱い（若しくは刑罰）」とは、「残虐な取扱い又は刑罰」若しくは「非人道的な取扱い又は刑罰」よりも低い程度の苦痛を与えられたものを指す。「品位を傷つける取扱い」には拷問、残虐な又は非人道的な取扱いと同程度の苦痛や過酷さが要請されるものではないことは、外国人指紋押捺

制度の違憲性が争われた大阪高裁平成6年10月28日判決（判タ868号59頁）でも認められている。

「品位を傷つける取扱い」は、7条違反のうち最も軽度の内容を成す。しかし、規約の実行をみると、本用語は被害者の苦痛の程度というよりは「被害者の屈辱感」に特に着目して認定されてきた。原語「degrading」には、「品位を落とす、名誉を傷つける」という語義があるとおり、7条の禁ずる「degrading treatment」は、被害者の感じた恥辱や汚名（stigma）を示す語として用いられ、そのように認定されてきたのである。例えば、委員会はヴォランヌ対フィンランド事件において、「品位を傷つける取扱いに該当するには、辱め、または卑しめの程度が一定の程を超えていることが必要である」と示した（No. 265/1987）。この辱め、卑しめとは、被害者自身の感じたものであるか、または他者から見て被害者がそのような屈辱感を得ているように感じられたものかを問わない。このように、語のもつ特別な意味に拠って違反が認定されることは、規約と同文を備える欧州拷問等防止条約等の他の条約実行とも一致する。

まとめると、オーストラリア憲法裁判所が一貫して主張するとおり、ある取扱いが「人間の尊厳を阻害するような、個人としての被害者に対する著しい無視」といえる場合は「品位を傷つける取扱い」にあたる。本件では、原告本人が、個人の尊厳を侵害されると繰り返し主張している。また後述のとおり、手錠及び腰縄を施されること自体がすでに人に恥辱感を与え、汚名を着せるものであることは明白である。被告人は、誰もが出入り可能な公開法廷に、在廷している人々の注目を一身に受ける形で入廷あるいは退廷させられ、これを拒否する方法はない。まさに動物を縄でつないでいるかのような手錠腰縄という取扱いは、国家権力への過度の服従を強いるものであり、同時に、人の恥辱感をも増幅させるものである。このことを考えれば、本件法廷内における手錠腰縄措置における辱めを受ける程度は、既に許容限度を超えているといえるであろう。なお、代用監獄に留置され、捜査機関に服従を強いられてきた被疑者・被告人であれば、7条違反の該当性はいっそう高まる。

日本における手錠腰縄措置が規約7条違反でないことを主張するためには、認定の際に用いられる比例原則に則り、法の立法目的および趣旨に照らし、本措置

【資料1】京都地方裁判所平成28年（ワ）第815号損害賠償請求事件に関する意見書　　151

が適当なものであり均衡していること、すなわち現行の取扱いには合理性があることが証明されねばならない。そうでない限り、手錠腰縄措置は比例原則からみて「比例（proportionality）」せず、均衡を失するものであるから、違法となる。

2 「自由を奪われた者及び被告人の取扱い」の違反

規約10条1項は以下のとおり定める。

第10条【自由を奪われた者及び被告人の取扱い】
1　自由を奪われたすべての者は、人道的にかつ人間の固有の尊厳を尊重して、取り扱われる。

　10条は規約7条を補完し、被拘禁者の権利の保障についての枠組みを提供する規定である。両者は密接に関連しており、7条の定める非人道的処遇のうち、程度の軽いものが10条違反を構成する。すなわち、自由を奪われている人々は、拷問等を受けないことのみならず、当該自由の剥奪から生ずる以外の苦しみや圧迫にもまた服する必要はなく、自由を奪われている人々の尊厳に対する尊重は、自由な人の尊厳に対する尊重と同一条件下で保障されねばならない（一般的意見21　para.3）。

　1項は基本原則であり、「自由を奪われたすべての者」を対象としていることから、刑務所、病院特に精神病院、拘置所、矯正施設その他の場所で拘禁されているいかなる者にも適用される（一般的意見21　para.2）。自由を奪われたすべての人々を人道的に、その尊厳をもって取扱うことは、基本的かつ普遍的に適用し得る原則である。したがって、本原則の適用は少なくとも締約国で得られる物質的資源と関係しない（一般的意見21　para.4）。つまり、刑務官等警備の人員の不足を補うために手錠・腰縄措置を講ずる必要があるといった国家の抗弁は許されない。またこの原則は、人種、皮膚の色、性、言語、宗教、政治的意見その他の意見、国民的もしくは社会的出身、財産、出生または地位等のいかなる理由による差別もなしに適用されねばならない（同上）。

　人道的に、その尊厳をもって処遇することの具体的な内容の解釈については、

より詳細な国連基準が重要な意味をもつ。前述のマンデラ・ルールや、被拘禁者保護原則、法執行官行動綱領、医療倫理原則等が、その「より詳細な国連基準」にあたる（一般的意見21　para. 5）。例えば、マンデラ・ルールは以下の規定を備える。

規則47（拘束具）

2　他の拘束具は、法によって認められ、かつ、以下の状況においてのみ使用される。

(a)被拘禁者が司法ないし行政当局に出頭する場合には外されるという条件のもと、移送時の逃走に対する予防措置として。(b)被拘禁者が自己若しくは他人を傷つけ、又は財産に損害を与えることを防止するために、他の制御方法が役に立たない場合に、施設の長の命令によって。このような場合には、施設の長は、直ちに医師又はその他の有資格のヘルスケア専門職の注意を喚起し、かつ上級行政官庁に報告しなければならない。

規則47の1項は「鎖、かせ、その他の本質的に品位を傷つけ又は苦痛を伴う拘束具」の使用を禁じている。手錠は「かせ」の一形態であるが、仮に腰縄が上記の類型に該当せず、2項にかかってくる措置と想定しても、移送時の逃走に対する予防措置、または/および被拘禁者が自己若しくは他人を傷つけ、又は財産に損害を与えることを防止するために、他の制御方法が役に立たない場合に、施設の長の命令によってのみこれを用いることができる。また、規則48および49は合法の拘束具の運用について以下のとおり定める。

規則48（拘束具）

1　規則47第2項によって拘束具の使用が認められる場合には、以下の原則が適用されなければならない。

(a)拘束具は、制限されない動きによって生じる危険に対処する、より制限的でない制御形態では効果がない場合にのみ用いられるものとする。(b)拘束の方法は、生じている危険の程度及び性格に基づいて、被拘禁者の動きを制御

【資料1】京都地方裁判所平成28年（ワ）第815号損害賠償請求事件に関する意見書　　153

するために必要かつ合理的に利用可能な、最も侵襲性の低い形態でなければならない。(c)拘束具は、必要な時間のみに用いられ、かつ、制限されない動きによって生じる危険がもはや存在しなくなった後には、できる限りすみやかに取り外されなければならない。

規則49（拘束具）

刑事施設当局は、拘束具を科す必要性を回避し、あるいは、拘束具の侵襲性を減じる制御技術へのアクセスを追求し、かつ、こうした技術を用いる訓練を提供すべきである。

これらの規則から、被告人に対する手錠・腰縄措置が、単に合法であるのみでは足りず、非常に限定的な状況下においてのみ、例外的に許されるべき措置であることは明らかである。また、被告人に対する拘束具の使用の可否について判断する場合には、その使用場所、期間及び他のより制限的でない他の手段がないか、被告人ごとの個別の検討が要請されている。被告第8準備書面においては、最高裁平成元年判決が述べたとおりとして、「（法廷警察権）に基づく裁判長の措置は、それが法廷警察権の目的、範囲を著しく逸脱し、又はその方法が甚だしく不当であるなどの特段の事情のない限り、国家賠償法1条1項の規定にいう違法な公権力の行使ということはできないものと解するのが相当である」と主張する。しかし委員会がその条文解釈において、拘束具の使用の可否につき個別具体的な判断を求めているのであるから、国内の法廷においてもこれに沿う運用が求められると解すべきであろう。すなわち、違法限定説の正当性を主張することによってのみ規約の解釈を退けることは適当でなく、現行の取扱いが規約の解釈に合致することの説明がなお必要である。

裁判官が、国際社会で受け入れられている規約実行について考慮せず、一律に為した本件決定は、その判断の過程に瑕疵があるといわざるを得ない。

規約10条2項は以下のとおり定める。

> **第10条【自由を奪われた者及び被告人の取扱い】**
>
> 2
>
> (a)　被告人は、例外的な事情がある場合を除くほか有罪の判決を受けた者とは分離されるものとし、有罪の判決を受けていない者としての地位に相応する別個の取扱いを受ける。
>
> (b)　少年の被告人は、成人とは分離されるものとし、できる限り速やかに裁判に付される。

　２項は未決被拘禁者に適用される規定である。本項は、被告人と有罪判決を受けた者とを分離することにより、有罪とされるまでは無罪と推定される権利を被告人が享有する地位を有していることを強調するものである（一般的意見21 para. 9）。被告人の無罪推定の権利を処遇の面で確保する規定といえる。Nowakによると、本項は正式に告発を受けた者のみならず、身体を拘束された被疑者・被告人すべてに適用される。10条２項(a)にいう「分離」とは、物理的に異なる場所に置かれるのみならず、法的地位の差異に基づき相応に取り扱われるという、実際上の処遇を受ける権利をも含んでいる。

　なお、２項(a)には「例外的な事情がある場合をのぞくほか」という文言がある。被告人を有罪の判決を受けた者と分離せずとも良い「例外的な事情」とは、いかなる事情を指すか。本項の起草過程は以下のとおりであった。

　ノルウェーは第２項の規定は断定的にすぎるとし、国によっては種々の理由から常に被告人と有罪者を隔離することの不可能の場合もあり得るので、規定に現実性と弾力性をもたせる意味で"normally"又は"if in any way possible"等を付加することを示唆し、これによりオランダの修正提案となったものであるが、メキシコ、インド、モロッコ等は原案の規定を弱めるものとして反対が多く、イギリスの示唆に基づき右オランダ修正案は、"save in exceptional circumstances"を付加することに改訂された（A/C. 3/L. 691/Rev. 1）。まとめると、「例外的な事情」とは、過剰収容等の社会的実情を指すものと思われる。また、「例外的な事情」はその文脈上前段で終結している。そのため、後段の「有罪の判決を受け

ていない者としての地位に相応する別個の取扱いを受ける」にはかからない。つまり、10条2項(a)には、「（国の）例外的な事情にもとづき、有罪の判決を受けていない者としての地位に相応する別個の取扱いを受けない被告人」が許容される余地はない。

したがって本件の被告人は、「有罪の判決を受けていない者としての地位に相応する別個の取扱い」を当然に受ける。そして、身体を拘束されたまま審理の場に現れることを強要する取り扱いは、「有罪の判決を受けていない者としての地位に相応する」取り扱いとはいえないことから、本件被告人の取り扱いは、10条2項（a）に違反し得る。

3 「公正な裁判を受ける権利」の違反

規約14条1項および2項は以下のとおり定める。

第14条【公正な裁判を受ける権利】

1 すべての者は、裁判所の前に平等とする。すべての者は、その刑事上の罪の決定又は民事上の権利及び義務の争いについての決定のため、法律で設置された、権限のある、独立の、かつ、公平な裁判所による公正な公開審理を受ける権利を有する。報道機関及び公衆に対しては、民主的社会における道徳、公の秩序若しくは国の安全を理由として、当事者の私生活の利益のため必要な場合において又はその公開が司法の利益を害することとなる特別な状況において裁判所が真に必要があると認める限度で、裁判の全部又は一部を公開しないことができる。もっとも、刑事訴訟又は他の訴訟において言い渡される判決は、少年の利益のために必要がある場合又は当該手続が夫婦間の争い若しくは児童の後見に関するものである場合を除くほか、公開する。

2 刑事上の罪に問われているすべての者は、法律に基づいて有罪とされるまでは、無罪と推定される権利を有する。

3 すべての者は、その刑事上の罪の決定について、十分平等に、少なくとも次の保障を受ける権利を有する。

(b)防御の準備のために十分な時間及び便益を与えられ並びに自ら選任する弁

護人と連絡すること。（他略）

　本件が規約14条【公正な裁判を受ける権利】に違反する可能性について考察する。14条１項の規定は、被告人の公正な裁判を受ける権利を保障するものであり、同２項は、無罪の推定を受ける権利を定めるものである。

　１項にいう「法律で設置された、権限のある、独立の、かつ、公平な裁判所による公正な公開審理を受ける」ためには、司法府が直接的であるか間接的であるかを問わず、いかなる理由にもよることなく、すべての制限、不当な影響、勧誘、圧力、脅迫または干渉を受けることなく、事実に基づき、かつ、法律に従って公平に審査することが要請される（司法の独立に関する基本原則、1985年）。すなわち、司法府がその審理にあたり「不当な影響」を受けることがあれば、それは公正な裁判とはいえない。

　２項に定める無罪推定の権利（無罪の推定を受ける権利）は、「何人も有罪とされるまでは無罪と推定される」権利である。これは、中世の暗黒裁判によって無辜の市民が有罪判決を受け処罰されてきたことを背景として、被告人の人権を保障するための基本的な権利として近代社会において初めて成立した。人権保障のみならず、公正な裁判の実現に不可欠な権利であり、その源流はフランス人権宣言（1789年）まで遡る。フランス人権宣言で謳われた無罪推定は、二度にわたる悲惨な世界大戦を経た人権の国際的な広がりの中で、1948年、世界人権宣言の11条として結実した。世界人権宣言11条（刑事訴追に対する保障）１項は、「犯罪の訴追を受けた者は、すべて、自己の弁護に必要なすべての保障を与えられた公開の裁判において法律に従って有罪の立証があるまでは、無罪と推定される権利を有する」と規定する。その後、世界人権宣言の内容に法的拘束力をもたせた1966年の国際人権規約が成立することで、無罪推定の権利は、世界各国の人権保障の中核となった。

　無罪推定の権利は、法廷における証明責任論・立証責任の問題に限局されるわけではなく、市民の人権保障という観点から、予断排除の原則や有罪判決が確定するまでは法廷の内外において犯罪者のように取り扱われてはならないということまでが要請される。この考え方を示したのは前述のマンデラ・ルール111条２

項である。本項は、「有罪が確定されていない被拘禁者は、無罪と推定され、かつ、それにふさわしく処遇されなければならない」と規定しており、無罪推定の権利が、拘束された被疑者・被告人の処遇の問題にまで及ぶべきものであることが示された。委員会が1984年に採択した一般的意見13（民事及び刑事裁判における手続的保障）は以下のとおり述べる。「この14条2項の<u>無罪推定は、裁判官に対する義務規定にとどまらず、すべての公的機関に対して、裁判の結果に予断を与えることを慎む義務を課す</u>」と。すなわち、立証責任の問題にとどまらず、裁判官（員）や刑務官（警察官）は、いかなる場合も裁判の結果に予断や偏見といった先入観を与えないようにすることが求められている。

　委員会はさらに、2007年の一般的意見32においても、無罪推定の権利について「疑わしきは被告人の利益にとの原則が適用されることを確保し、刑事上の犯罪行為の嫌疑を受けている者が本原則に従って<u>取り扱われることを要求している</u>」とし、「<u>危険な犯罪者であることを示唆するかたちで出廷させられてはならない</u>」とも述べている。

　公判中の被告人の身体拘束に関連する委員会実行の例として、2005年の通報番号1405・プストポイト（Pustovoit）対ウクライナ事件がある。これは、ウクライナの最高裁判所での公判中、被告人が金属製の檻に入れられた上で、さらに後ろ手に手錠をかけられていた事実について、規約7条の品位を傷つける取扱いおよび14条の公正な裁判を受ける権利の違反が認められたものである。委員会によれば、該措置は裁判所の規律を守り、保安上の要請を満たすために必要なものであったとはいえず、またウクライナは当時、本人の尊厳に両立し得るような他の代替手段がなかったことも、さらに本人がそのようにせねばならないような危険な犯罪者であったことも証明できなかったと述べた。そのような意味で7条違反認定がなされたのであるが、一方、本人が最高裁判所による審問の間のみならず、裁判記録謄本の検討中にも手錠をかけられていたことが、14条3項(b)にいう、人が防御の準備のために十分な便益を与えられる権利が侵されたという意味においても14条3項(b)違反が認定され、また、14条1項が求める公正な審理に影響する品位を傷つける取扱いがあったという意味で、14条1項に関連した7条違反がまた認定されている。

既に述べたとおり、無罪推定の権利は、単に立証責任の分配の問題につきるものではなく、刑事裁判の中で犯人と疑われている者であっても、判決の結果有罪と決まるまでは、犯罪者として扱われないという権利をも含んでいるのである。換言すると、無罪推定の権利とは、単に「無罪が推定されねばならない」ことのみならず、「被告人が無罪推定される者として適正な取扱いを受けねばならない」ことをも含む。このことは、刑事訴訟法上当然に無罪推定の権利が認められる日本においても同じである。

　無罪推定の権利は、被疑者、被告人の権利及び公正・公平な裁判の実現に必要不可欠である。裁判とは人が人を裁くものであり、かつ、刑事裁判においては、国家機関による公訴の提起（起訴）という手続が既にふまれている以上、裁判官に一定の偏見（有罪であるとの心証）が入り込む余地を否定できない。それを修正し、主観的にも客観的にも予断のない裁判所による公正な裁判を実現し、あわせて被告人の権利を保障するために、無罪推定の権利を基本理念として機能させねばならない。そのため、無罪推定の権利の保障のためには、裁判官が被告人に対して有罪との心証を抱くおそれのある事象を厳格に排除することが要請される。この観点からいえば、法廷内での手錠等の拘束具の使用は、裁判官が被告人に対して有罪との心証を抱くおそれのある事象にあたる。

　たとえばEUでは、無罪推定の権利の観点から、法廷内での手錠等拘束具の使用を禁じている。EUは2009年のリスボン条約発効後、刑事手続上の諸権利に関する指令の採択をスケジュールに組み入れ、2010年以降、ストックホルムプログラムの採択に始まり、今日までに５つの指令を採択してきた。このうち、「無罪の推定の権利および刑事手続における裁判に出廷する権利の強化に関する2016年３月９日の欧州議会及びEU理事会指令（以下「EU指令」）」は、ヨーロッパ人権条約やEU基本憲章により保障されていた無罪推定の実効的な保障を確保するため、３条において無罪推定の保障を規定している。さらに、同指令は５条において、「構成国は法廷又は公衆の面前において、身体拘束具を用いることによって被疑者・被告人が有罪であると受け取られないようにするための適当な措置をとる」こととしている（５条１項）。同指令５条の解釈として、前文は「手錠」等の身体拘束具によって、法廷又は公共の場において、被疑者・被告人が有罪で

【資料１】京都地方裁判所平成28年（ワ）第815号損害賠償請求事件に関する意見書　　159

あるとの印象を与えることを慎むべきであるとしており、同指令に拠れば、法廷において被告人等を手錠により拘束することは原則的に許されないものと考えるべきである。同条14条1項では、2018年4月1日までに本指令に従うために必要とされる法律、規則及び行政規定を制定することを求めており、EU構成国において、手錠等の身体拘束具によって裁判に予断を与えるような措置が明文で禁止されることとなった。

被告人が、法廷に手錠・腰縄を施された状態で連れて来られると、それを目にする人に被告人は「罪を犯した者である」と映る。このことは、大阪弁護士会の傍聴人に対する過去調査で明らかにされている。未決被拘禁者には、刑事手続上必要最小限の身体拘束を受ける以外は市民生活と同様の人権保障が確保されねばならない。被告人は法廷において、検察官と対峙する一方当事者として、有罪判決を受けるまでは無罪の推定を受ける者にふさわしい取扱いを受けねばならないのであるから、裁判員等の一般市民のみならず、職業裁判官の前においても、この無罪推定を犯し得るリスクは最大限に排除せねばならないのである。

前記および準備書面7も記すとおり、裁判員裁判を始めとして、少年事件、京都地裁や津地裁の一部では既に、裁判官や裁判員、傍聴人等に手錠・腰縄姿を見せない運用措置がとられている。このことから、排除すべきリスクの中に被告人の手錠・腰縄姿が含まれることは明白である。

まとめると、被告人を手錠・腰縄を施された状態で出廷させることは、一般人に対しても職業裁判官に対しても被告人を危険な犯罪者であるように取り扱っている印象を与える行為であり、被告人にとって無罪推定の権利が保障された状態であるとはいえない。したがって、手錠・腰縄が施された姿を裁判官または/および傍聴人に見せることもまた、規約14条等の国際人権条約の解釈運用に反し、被告人の無罪推定の権利を侵害するものといわざるを得ず、違法である。

なお、無罪推定の原則は、上述のとおり日本国憲法31条に内包されることで保障されてきた。本原則は「被告事件が罪とならないとき、又は被告事件について犯罪の証明がないときは、判決で無罪の言渡をしなければならない」と定める刑事訴訟法336条にも現れている。無罪推定の権利が明文で定められている自由権規約を日本が批准したことにより、憲法が保障する被疑者・被告人の権利の中

に無罪と推定される権利が含まれていることが、より明確となったのである。

憲法98条2項は「国際法規の遵守」として、以下のとおり定める。

第98条【最高法規、条約及び国際法規の遵守】

2　日本国が締結した条約及び確立された国際法規は、これを誠実に遵守することを必要とする。

日本国憲法の下位、法律の上位に位置する条約を含む国際法は、憲法のコントロールを受けつつ、他の国内法に優位する。つまり憲法98条2項の規定があるからこそ、規約14条2項が効力をもつのである。<u>憲法の認める条約の内容を誠実に遵守履行することは、法治国家のあるべきかたちとして日本に対し当然に求められる</u>。

Ⅲ　結論

上述の如き無罪推定の原則を侵す可視的な手錠・腰縄措置は、国際法・国際人権法の観点からみて問題がある。また、国内法解釈上も一律の措置になじまない。日本が自ら批准した条約の規定を誠実に履行し、法の支配を成す法治国家として完全に機能するため、現行の手錠・腰縄措置を再考することが望まれる。一律・画一的な慣行の法的根拠について今ひとたび確認し、被告人の人権が適正に保障される制度に改めるべき時期がきている。

準備書面5にあるとおり、本件は、被告人が、人間らしく存在する根源に関わり、人間の不可侵の権利である人の尊厳の確保を問う裁判である。個人の尊厳や人間の尊厳は、人権の普遍的原理である。全体主義の隆盛により第二次世界大戦を招き、人間に対して筆舌に尽くしがたい惨禍をもたらした反省から、国連憲章前文において規定され、世界人権宣言の前文でも、人間の固有の尊厳は、自由、正義及び平和の基礎であることが確認されている。また国家を拘束する人権条約としてこれらの理念を具体化した規約前文においても、人間の固有の尊厳が奪い

得ない権利であり、平和の礎であることが明記されている。

　本件を検討する貴裁判所におかれては、本意見書が論じた国際的な実行とその根拠に目を向けながら、原告の尊厳にかかわる無罪推定の権利を確認しつつ、適正な司法判断が確保されるよう要請する。

参考文献・参考資料

山下潔、『手錠腰縄による人身拘束』、日本評論社、2017年

近畿弁護士会連合会人権擁護委員会編、『第33回近畿弁護士連合会大会シンポジウム第1分科会　ストップ！法廷内の手錠・腰縄』、2017年

葛野尋之、『未決拘禁法と人権』、現代人文社、2012年

近畿弁護士会連合会人権擁護委員会国際人権部会　大阪弁護士会選択議定書批准推進協議会編、『国際人権条約と個人通報制度』、日本評論社、2012年

日本弁護士連合会2005年9月16日付提言

宮崎繁樹、『解説・国際人権規約』、日本評論社、1996年

国際連合局社会課、『国際人権規約成立の経緯』、1968年

以上

現在の職位：

新潟青陵大学　福祉心理学部　社会福祉学科　助教

学位：

修士（国際公共政策）　大阪大学

最近の著書：

【共著】谷口真由美編著『資料で考える憲法』、法律文化社、2018年5月

最近の論文：

「刑事被告人が無罪の推定を受ける権利に関する一考察　－国際人権法の観点から－」、新潟青陵学会誌、第9（第1）、2017年3月

＊意見書原稿提出にあたって

本意見書は京都地方裁判所平成28年（ワ）第815号損害賠償請求事件の京都地裁
における審判に際し提出したものです。5年の歳月が経ち当時と異なる現況もあ
りますが、当時の状況を示す資料となる部分もあるかと思い、あえてほぼそのま
ま提出いたします。

意見書の作成にあたり参考にさせていただいた参考文献・参考資料・先例の解釈
等先行研究のすべてに、拙い質問に快くこたえてくださった研究職の皆様に、そ
して、山下潔弁護士をはじめとする弁護団の皆様に、支えてくださったすべての
方々に深謝申し上げます。

2023年3月7日　里見佳香

【資料2】

韓国での法廷内の被告人に対する身柄拘束の状況

西川満喜
大阪弁護士会法廷内手錠腰縄問題に関するプロジェクトチーム

韓国視察の経緯

　2017（平成29）年6月、近畿弁護士会連合会人権擁護委員会の視察団の一員として、韓国での法廷内の被告人に対する身柄拘束の現状を視察した。

　韓国を視察することになった理由は、2015（平成27）年に大阪弁護士会が行ったアンケート調査の中で、韓国では、原則として、法廷内の被告人へ身柄拘束を施さない、との回答を得ていたからである。また、韓国の刑事訴訟法は、日本の刑事訴訟法を参考に制定され、日本とよく似た規定を持つ。韓国では、なぜ、日本と異なる取扱いができているのか、それを知りたかった。

拘束具なく入退廷する被告人

　公判傍聴で目にした被告人の誰一人として拘束具をつけていなかった。衝撃である。次から次へと被告人が出廷するが、どの被告人も手錠はもちろんのこと腰紐もつけられていない。

　被告人の入廷から退廷までの一連の流れは、次のとおりである。連続開廷の場合、裁判長は、中央に位置する裁判官席で、入れ替わりに入廷する被告人を待つ。

書記官が事件番号と被告人名を読み上げた後、勾留中の被告人は、法廷に隣接する「待機室」と呼ばれる部屋の中で拘束具（手錠、捕縄）をはずされ、待機室から刑務官（韓国では教導官という）２～３人に付き添われ、入廷する。そして、退廷後、待機室で再び拘束具を使用される。

　このように韓国では、勾留中であっても、被告人は、逃亡等のおそれがある場合は、例外的に拘束具が使用される。

　その法的根拠となっているのは、韓国刑事訴訟法第280条、戒護教務指針第201条４号の規定である。

　【刑事訴訟法第280条】
　　公判廷では、被告人の身体を拘束することはできない。但し、裁判長は、被告人が暴力を行使し、又は逃亡のおそれがあると認めるときは、被告人の身体の拘束を命じ、又はその他必要な措置を行うことができる。
　【戒護教務指針第201条４号】
　　裁判に臨む被収容者に対しては保護装備を解除し、裁判が終了したときは、すぐに保護装備を使用しなければならず、裁判進行中の逃走等のおそれが顕著な被収容者は、事前に裁判長の許可を受けて保護装備使用した状態で裁判に臨むようにすることができる。

　韓国刑事訴訟法第280条は、公判廷における身体不拘束原則を定めている。この規定が根拠となり、原則として公判廷では身体拘束が禁止されるので、被告人は、待機室で拘束具をはずされてから入廷し、退廷後待機室に入ってから拘束具を使用される。実に条文に忠実な運用である。

　日本の刑事訴訟法第287条もまた、同じく公判廷における身体不拘束原則を定めている。両規定を比べるとよく分かるが、ほぼ同じでる。同じような規定をもちながら、なぜ、韓国ではこのような運用になっているのだろうか。

　視察団は、面談したソウル中央法院の高等裁判所判事に「なぜ、韓国ではこのような取扱いができるのですか」と率直に質問した。すると、判事から「公判廷

【資料２】韓国での法廷内の被告人に対する身柄拘束の状況　　165

では被告人を拘束してはならない、と法律に定められているからです。」という答えが返ってきた。とてもシンプルである。韓国では、1954（昭和29）年の制定当時からこのような条文に忠実な運用がなされており、あまりに、当然のことなので、疑問すら感じていないという様子だった。また、韓国では、無罪推定の原則が憲法上定められており、判事によれば、このことも刑事訴訟法第280条の運用に影響しているのではないか、とのことである。

このように韓国では、条文に忠実な運用が原則となっている。例外的に拘束具を使用して審理することはほとんどなく、面談した判事も例外事例を一度も経験したことがない、とのことである。

待機室

待機室（**図**）は、法廷に隣接して設置されている。公判前の被告人は、拘置監から待機室へ連行され、この部屋で待機する。待機室は、二つの法廷の間に位置し、裁判所の中に複数設置されている。韓国の刑事裁判部のある65の裁判所のうち、64の裁判所に待機室が設置されている。

どこの裁判所も、隣に検察庁があり、検察庁は、地下の通路で裁判所とつながっているため、被告人は、検察庁の待機場所（拘置監）から、この地下通路を

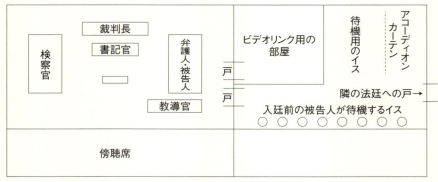

▲待機室の図（写真撮影は許可されなかったが、見学は許された）

通って裁判所内の待機室に入ることになる。地下通路は、一般の人の通路とは別に設置されているため、裁判所の通路では、手錠・腰縄をつけた被告人の姿が一般人の目に触れることはない。

待機室は、収容施設の延長として、その管理権は、収容施設側にある。そのため、弁護人も立ち入ることができないのが原則となっている。

待機室の中には、性犯罪事件等の尋問のために使用するビデオリンク用の部屋もあり、この部屋の出入口は、法廷の出入口とは別になっている。

裁判所のセキュリティ

裁判官等の職員が通る内部の通路、エレベーターは、セキュリティー管理が厳重である。裁判所職員が利用する全ての部屋はICカードがなければ開閉できない仕組みになっている。トイレの出入口のドアでさえICカードがなければ出入りすることができない。

このような厳重なセキュリティー体制のもとで、被告人が逃亡を図った事例は、ない。

公判廷での被告人の着座位置・服装

被告人の着座位置は、弁護人席の隣である。韓国刑事訴訟法第275条3項が、「検事の座席と被告人および弁護人の座席は対等であり、裁判官席の左右両端に向かい合って位置し、証人の座席は裁判官席の正面に位置する」と、明文で規定していることによる。

出廷時の服装については、勾留中の被告人のほぼ全員が、拘置所で支給される収容服を着用していた。韓国では、1999（平成11）年に憲法裁判所によって、未決被収容者に収容服の着用しか許していなかった法律の規定が、違憲とされている。その理由は、収容服の強制が、未決被収容者に侮辱感や羞恥心を生じさせ、

【資料2】 韓国での法廷内の被告人に対する身柄拘束の状況　　167

心理的な萎縮を招くことによって防御権の行使を制限し、無罪推定の原則、人間の尊厳、公正な裁判を受ける権利を侵害するとされたからである。この判決を受けて、法改正があり、私服着用が認められるようになった。この判決の理由となった、服装という外形が心理的に影響を与え、被告人の防御権行使を制限するという考え方は、手錠・腰縄姿という被告人の外形に関わる法廷内の手錠・腰縄問題でも参考になる。ただ、現実には、私服を着用すればお金持ちだなど陪審員や一般市民からの評価を気にして、支給される収容服を着用することが多いそうである。

私たちにできること

韓国では、拘束具無しに被告人が入退廷する姿が当たり前になっている。日本では、全く逆のことが起こっている。また、憲法や法律で定められた被告人の権利を保障するため、待機室や厳重なセキュリティーなど設備が整っている。同じような規定をもちながらこうも違っていることに愕然とする。

では、私たちは、一体、何から始めればいいだろうか。

予算があれば待機室の設置やセキュリティー体制を整えることは、可能なのかもしれない。これらは、重要ではあるが、あくまでも一例である。何よりも、まず、始められることは、裁判所、拘置所、弁護士会など関係機関が、問題意識を共有することではないだろうか。法廷内で一律に被告人に拘束具を使用する今の運用は、被告人の人としての尊厳、無罪推定の権利、防御権、適正手続をはじめとする被告人の重要な権利を侵害している。このことは、否定しがたいと思う。否定できないけれど、実現するには、逃走等の防止など対策を立てなければならない。しかし、それは、一機関では解決できない、だから、前に進めない、というのが現状ではないだろうか。解決のためには、関係機関が、話し合う機会を設けることが必要ではないだろうか。問題意識の共有に、お金はほとんどかからない。

また、この場を借りて、刑事裁判での手錠・腰縄姿を見せないよう配慮を求め

る申入書の活用をお願いしたい。申入書のひな形は、弁護士会HPの書式集にも掲載されている（「手錠・腰縄を使用しない申入書」ダウンロードの方法は、大阪弁護士会会員専用サイトログイン＞書式・資料＞▼書式＞手錠・腰縄）。申入書の活用を広げるため、弁護士会では、「STOP！手錠・腰縄キャンペーン」と銘打って、第1弾として、2018年（平成30）年3月13日、申入書活用のための研修会も開催した。研修では、勾留理由開示公判での弁護人からの申入れに対して、裁判官が、立ち止まり、共に考えた結果、傍聴人に対してではあるものの被告人の手錠・腰縄姿を見られないよう配慮された例が報告された。少しずつではあるが、理解が広がっている。ただ、個別に対応することは個々の裁判官にとって負担が大きいようである。

　こうした現状を変えるため、こえからもPTのみならず多くの人と考え、行動し続けていきたい。

＊「法廷における手錠腰縄問題、正面からの即時見直しを（第5回）韓国での法廷内の被告人に対する身柄拘束の状況」『OBA Monthly Journal 2018.4』69頁〜71頁を転載。転載にあたって誤記などを修正した。

【資料3】

大阪地裁2019年判決（全文）

＊判例タイムズ1486号（2021年）230頁、LEX/DB文献番号25564025収録

損害賠償請求事件　大阪地方裁判所平成29年（ワ）第11089号
令和元年５月27日第３民事部判決　口頭弁論終結日　平成31年２月25日

判　　　決

原告　Ｐ１（以下「原告Ｐ１」という。）
原告　Ｐ２（以下「原告Ｐ２」という。）
原告ら訴訟代理人弁護士　山下潔　川崎真陽　西川満喜　田中俊　定岡由紀子　正木幸博
青砥洋司　中森俊久　大谷智恵　中井雅人
被告　国
同代表者法務大臣　Ｐ３（山下賢司）
同指定代理人　Ｐ４　外18名

主　　　文

1　原告らの請求をいずれも棄却する。
2　訴訟費用は原告らの負担とする。

事実及び理由

第1　請求

1　被告は、原告Ｐ１に対し、40万円及びこれに対する平成29年５月21日から支払済みまで年５分の割合による金員を支払え。
2　被告は、原告Ｐ２に対し、10万円及びこれに対する平成29年５月11日から支払済みまで年５分の割合による金員を支払え。

第2　事案の概要等

1　事案の概要

　本件は、それぞれ大阪地方裁判所に刑事事件の被告人として起訴された原告らが、各原告の公判期日が開かれた日における入廷及び退廷の際、手錠及び捕縄（以下、これらを併せて「手錠等」ということがある。）を施された状態で入廷及び退廷をさせられたことについて、①原告らの公判を担当した裁判官らが、入退廷時に刑務官らによる手錠等の使用を止めさせずに放置したこと、②原告らの護送を担当した刑務官らが、入退廷時に法廷内で手錠等を使用したこと、③大阪拘置所首席矯正処遇官（以下「首席矯正処遇官」という。）が被告人の出廷時における手錠等の使用に関する取扱いに関する指示をしたことは、いずれも違法であり、これらの違法行為によって精神的苦痛を被ったと主張して、被告に対し、国家賠償法（以下「国賠法」という。）１条１項に基づき、原告Ｐ１については、慰謝料40万円及びこれに対する違法行為の後の日である平成29年５月21日から民法所定の年５分の割合による遅延損害金の支払を、原告Ｐ２については慰謝料10万円及びこれに対する違法行為の後の日である平成29年５月11日から支払済みまで民法所定の年５分の割合による遅延損害金の支払をそれぞれ求めている事案である。

2　前提事実（当事者間に争いがない事実又は各項掲記の証拠及び弁論の全趣旨により容易に認定できる事実）

（１）原告Ｐ１

ア　原告Ｐ１は、平成29年１月10日、覚せい剤取締法違反の被疑事実により逮捕され、同月12日に勾留された後、同月31日、覚せい剤取締法違反被告事件の被告人として大阪地方裁判所に起訴された。同事件には同年２月24日頃に追起訴された原告Ｐ１外１名を被告人とする別の覚せい剤取締法違反被告事件が併合され、併合審理された（同裁判所平成29年（わ）第265、577号。なお、第１回公判期日において、原告Ｐ１に係る弁論が分離され、他の被告人に対する事件は結審した。以下、併合の前後にかかわらず同事件を「本件刑事事件１」という。）。

　本件刑事事件１（原告Ｐ１分）については、同年３月22日に第１回公判期日、同年４月21日に第３回公判期日、同年５月12日に第４回公判期日及び同月31日に判決宣告期日がそれぞれ開かれ、原告Ｐ１は、各公判期日に、勾留場所であった大阪拘置所から同裁判所まで護送されて出廷した。なお、第１回公判期日の後に担当裁判官の交代があり、第３回公判期日以降は別の裁判官が担当した。（乙３、弁論の全趣旨）

イ　原告Ｐ１の弁護人は、第１回公判期日に先立つ同年３月21日、受訴裁判所に対し、法廷内の被告人出入口付近に衝立を設けるという具体的な方法を記載した上で、手錠等を施された被告人の姿を入退廷に際して裁判官や傍聴人から見られないようにする措置を講じるように求める旨の申入書（甲１）を提出するとともに、同公判期日においても、同旨の申立てをした。

　これに対し、担当裁判官は、同申立てについて特別な措置を講じないこととしたため、弁

護人は、かかる訴訟指揮につき、憲法13条、市民的及び政治的権利に関する国際規約（以下「自由権規約」という。）7条、10条、13条の趣旨に反することを理由に異議を申し立てたが、同裁判官は理由を示すことなく上記異議申立てを棄却した（甲2）。

原告P1の弁護人は、同様に、第3回公判期日、第4回公判期日及び判決宣告が行われた公判期日に先立ち、受訴裁判所に対して手錠等を施された姿を裁判官、傍聴人に見られないようにするための特段の措置を講じるように求める旨を記載した書面を提出し、公判期日においても同旨の申立てを行ったが、担当裁判官は理由を示すことなく特段の措置を講じないこととした。（甲3ないし7）

（2）原告P2

ア　原告P2は、平成28年11月30日、覚せい剤取締法違反の被疑事実により逮捕され、同年12月1日に勾留された後、同月9日、覚せい剤取締法違反被告事件の被告人として大阪地方裁判所に起訴された（以下、同事件を「本件刑事事件2」という。）。

本件刑事事件2については、平成29年1月30日に第1回公判期日、同年4月17日に第2回公判期日及び同年5月11日に判決宣告のための公判期日が開かれ、原告P2は、第1回公判期日に、勾留場所であった大阪拘置所から同裁判所まで護送されて出廷した（乙3、弁論の全趣旨）。

イ　原告P2の弁護人は、第1回公判期日に先立つ同年1月26日、受訴裁判所に対し、法廷内の被告人出入り口付近に衝立を設けるという具体的な方法を示した上で、手錠等を施された被告人の姿を入退廷に際して裁判官や傍聴人から見られないようにする措置を講じるよう求める旨を記載した申入書（甲8）を提出したが、同公判期日において担当裁判官は特段の措置を講じなかった（以下、本件刑事事件1及び2の各審理を担当した各裁判官を「本件裁判官ら」と総称することがある。）。

（3）原告らに対する手錠等の使用

原告らを護送した大阪拘置所の各刑務官（以下「本件刑務官ら」という。）は、原告らを大阪地方裁判所に護送し、上記の各公判期日に出廷させるに際し、原告らに手錠等を施した状態で入廷させ、本件裁判官らから開廷のため身体拘束を解くように指示を受けた直後に手錠等を外した。また、本件刑務官らは、原告らを退廷させる際には、本件裁判官らが閉廷を宣した直後に原告らに手錠等を施し、原告らを法廷から退出させた（乙3、弁論の全趣旨）。

（4）関連法令等の定め等

ア　自由権規約

（ア）何人も、拷問又は残虐な、非人道的な若しくは品位を傷つける取扱い若しくは刑罰を受けない。（以下略）（7条）

（イ）自由を奪われたすべての者は、人道的にかつ人間の固有の尊厳を尊重して、取り扱われる。（10条1項）

（ウ）刑事上の罪に問われているすべての者は、法律に基づいて有罪とされるまでは、無罪と推定される権利を有する。（14条2項）

イ　裁判所法

（ア）法廷における秩序の維持は、裁判長又は開廷をした1人の裁判官がこれを行う。（71条1項）

（イ）裁判長又は開廷をした1人の裁判官は、法廷における裁判所の職務の執行を妨げ、又は不当な行状をする者に対し、退廷を命じ、その他法廷における秩序を維持するのに必要な事項を命じ、又は処置を執ることができる。（同条2項）

ウ　刑事訴訟法（以下「刑訴法」という。）

（ア）公判期日における取調は、公判廷でこれを行う。（282条1項）

（イ）公判廷は、裁判官及び裁判所書記が列席し、且つ検察官が出席してこれを開く。（同条2項）

（ウ）公判廷においては、被告人の身体を拘束してはならない。但し、被告人が暴力を振い又は逃亡を企てた場合は、この限りではない。（287条1項）

（エ）裁判長は、被告人を在廷させるため、又は法廷の秩序を維持するため相当な処分をすることができる。（288条2項）

（オ）公判期日における訴訟の指揮は、裁判長がこれを行う。（294条）

エ　刑事収容施設及び被収容者等の処遇に関する法律（以下「刑事収容施設法」という。）

（ア）刑事施設の規律及び秩序は、適正に維持されなければならない。（73条1項）

（イ）（ア）の目的を達成するため執る措置は、被収容者の収容を確保し、並びにその処遇のための適切な環境及びその安全かつ平穏な共同生活を維持するため必要な限度を超えてはならない。（同条2項）

（ウ）刑務官は、被収容者を護送する場合又は被収容者が次の各号のいずれかの行為をするおそれがある場合には、法務省令で定めるところにより、捕縄又は手錠を使用することができる。（78条1項）

a　逃走すること。（1号）

b　自身を傷つけ、又は他人に危害を加えること。（2号）

c　刑事施設の設備、器具その他の物を損壊すること。（3号）

オ　刑事施設及び被収容者の処遇に関する規則（以下「施行規則」という。）

（ア）被収容者を護送する場合に使用することができる手錠は、被収容者が法78条1項各号のいずれかの行為をするおそれがある場合を除き、別表第1に定める第1種の手錠とする。（37条1項）

（イ）被収容者に捕縄を使用する場合には、血液の循環を著しく妨げることとならないよう留意しなければならない。（同条2項）

（ウ）第1種の捕縄の構造については、縄の直径はおおむね6ミリメートルとし、長さはおおむね3メートル以上15メートル以下とし、縄の一端をおおむね12センチメートルのところで折り返して元縄に固定し、輪状になる部分を設けるものとする。（別表第1）

（エ）第1種の手錠の構造については、開閉可能な腕輪2個を鎖で連結したものとし、各腕

輪は、歯止めで止まり、施錠できるものとする。（別表第１）

（５）大阪拘置所における手錠等の使用に関する準則

ア　大阪拘置所長が平成28年３月３日付けで発出し、同日施行された「大阪拘置所捕縄、手錠及び拘束衣使用規則」（達示第２号）には、以下の定めがある（乙２）。

（ア）捕縄、手錠及び拘束衣の使用上の留意事項

　被収容者を護送する場合において、外来患者等がいる病院の通路その他の多数の部外者がいる場所を歩行させるときは、タオルや上着等で手錠本体を覆い、捕縄を上衣の下に使用するなどの方法により、できる限り、部外者に捕縄又は手錠が一見して明らかとならないような措置を講ずるように留意しなければならない。（４条（４））

（イ）刑事法廷等における措置

a　刑事法廷等においては、原則として開廷と同時に第１種の手錠及び第１種の捕縄の使用を中止し、閉廷時は直ちに第１種の手錠及び第１種の捕縄を使用する。（９条１項）

b　被収容者が法廷内において、裁判官、検察官、弁護人、証人及び傍聴人に対し暴行し又は逃走しようとした場合には、直ちに裁判官の了解を求め、第１種の手錠及び第１種の捕縄を使用するものとする。（同条２項）

イ　首席矯正処遇官は、平成20年12月12日付けで、首席矯正処遇官（処遇担当）指示第201号「出廷時における事故防止について」と題する指示を発出した（以下「本件指示」という。）。本件指示においては、「６　裁判所出廷勤務」として、概要以下のような指示が記載されている。（甲10、乙１）

（ア）開廷されるまでは、手錠及び捕縄とも解かず、捕縄を手から離さないこと。また、開廷と同時に手錠及び捕縄を解き、被収容者が証言台に立つときは、逃走及び異常行動を直ちに制圧できる最も適当な位置及び姿勢で戒護にあたり、閉廷が宣せられると同時に確実に手錠及び捕縄を使用すること。（３項）

（イ）裁判官が休廷を宣告した場合、又は合議のため退席した場合で長時間にわたるときは手錠及び捕縄を使用し仮刑事施設に連行する等適切な処置を講ずること。（６項）

3　争点及び争点に関する当事者の主張

（１）争点１（本件裁判官らが手錠等を施された原告らの姿を法廷内において他者に見られないようにするための措置を講じなかったことが違法であるか否か。）

【原告らの主張】

ア　本件裁判官らが、公判期日が行われた日において、本件刑務官らによる原告らに対する法廷内での手錠等の使用を漫然と放置し、手錠等を施された原告らの姿を法廷内の他者の目にさらしたことは、国賠法１条１項の適用上違法の評価を受ける。

　裁判所法71条、刑訴法288条、294条等の規定によれば、訴訟を主宰する裁判長（開廷をした１人の裁判官も含む。以下同じ。）は、その裁量によって法廷警察権ないし訴訟指揮権を行使することができるが、裁量といっても絶対無制約なものではない。法廷内で刑務官による被告人に対する権利侵害行為が発生しているのであれば、裁判長は、その権利侵害状態

を是正しなければならず、これを放置することは裁量の範囲を逸脱するものであって違法である。以下に述べるとおり、本件刑務官らは違法に戒護権を行使し、原告らの権利を侵害していたのであるから、本件裁判官らはこれを是正し、法廷内の秩序を回復すべきであったにもかかわらず、漫然と放置したものであって、法廷警察権の行使として甚だしく不当であり、違法である。

イ　本件刑務官らが法廷内において原告らに手錠等を施した行為は、以下に述べるとおり違法なものであった。

（ア）公判廷における身体拘束禁止（刑訴法287条１項）に反すること。

　刑訴法287条１項は、公判廷における身体拘束によって被告人が受ける圧迫感等の心理的影響から被告人を解放し、被告人の防御権を保障するとの趣旨から、公判廷における身体拘束を禁じている。そして、同項にいう「公判廷」とは、同法282条１項や刑事訴訟規則215条との平仄からも、審理手続を行うために公開された法廷という場所的な概念を意味すると解されるから、本件刑務官らが、公判期日における入退廷に際し、法廷内において原告らに手錠等を施したことは、同法287条１項又は同項の趣旨に反し、違法である。

（イ）個人の尊厳を侵害すること。

　手錠や腰縄は、身体の自由を制約するとともに歴史的に罪人を象徴する道具とされてきたものであり、手錠等を施された者は身体の自由を奪われるだけでなく、屈辱感や圧迫感等を感じ、また、一般人が手錠等を施された者の姿を見た場合、罪を犯した人間であるとの印象を抱く。手錠等を施された姿を他者に見られるということは、既に刑罰を受けているのと同様の屈辱感を与えられ、人としての尊厳、品位を傷つけられ、いわば市中引き回しの刑を受けているに等しいものである。

　そして、被告人が公開の法廷に入退廷するに際して手錠等を施された姿を傍聴人や訴訟関係人に見られるのは短時間であるとしても、上記の事情に照らせば、その姿を他人に見られることによる不利益は甚大であり、そのような姿を法廷内と法廷以外の場所においてさらされるのとで本質的な差があるわけでもない。本件刑務官らが、入退廷時において、原告らに手錠等を施し、法廷内の傍聴人等の他者の目に触れさせたことは、原告らの人格（人間としての誇り、人間らしく生きる権利）への配慮に著しく欠けるものであり、手錠等により拘束された姿を見られないという人格権、ひいては憲法13条により保障された個人の尊厳を侵害するものであって、違法である。

　また、被告人を公判廷に入退廷させるに際し、被告人に手錠等を使用し、他者の目に手錠等を施された姿をさらすことは、被告人を罪人として取扱い、いわば市中引き回しの刑を受けさせるに等しく、拷問や非人道的な取扱いを禁止する、自由権規約７条、拷問等禁止条約16条１項や、人間の尊厳の尊重を重ねて強調している自由権規約10条の規定といった条約にも反するものである。我が国が批准、加入した条約及び国際慣習法は公布をもってそれ以上の特段の国内的措置を要せずにそのまま国内法として効力を有すること（憲法98条２項）から、裁判所においては、上記の人権条約上の規範を直接又は間接に考慮しなければならな

い。

（ウ）無罪の推定を受ける権利を侵害すること。

　何人も有罪とされるまでは無罪と推定され、そのように扱わなければならないという推定無罪の原則は近代法の基本原則であり、我が国では憲法31条、37条がこれを定めている。そして、自由権規約14条２項は、被告人個人の人権として、無罪と推定される権利を保障しており、被告人は危険な犯罪者であることを示唆する形で出廷させられない権利を保障されている。手錠等が罪人を象徴する道具であり、それを施された者を目にした一般人に対して有罪であることを示唆する表象を与えるものであることは、EU指令の規定等に鑑みても、原告ら独自の見解などではなく、普遍的な考え方であり、諸外国では同様の観点から法廷内での拘束衣の使用等は違法であるとの司法判断が下されている。したがって、裁判官や傍聴人に対して罪人や有罪であるとの印象を与える手錠等を施して被告人を入退廷させることは、被告人の無罪推定を受ける権利を侵害し、違法である。

（エ）被告人の防御権行使を困難にすること。

　手錠等を施されれば単に身体の自由を制約されるだけでなく、勾留された被疑者が手錠を施された状態下でした自白はその心身に圧迫を受けており、任意性を欠くと解されていることからも、その者に服従を強い、権力に対する屈辱感、恐怖感、また羞恥心や無力感等といった不当な心理的作用を及ぼすものである。公判期日のために出廷する被告人においては、捜査官と対面するにすぎない取調べと異なり、判断権者である裁判官や一般の傍聴人の目にその姿をさらされる以上、より一層、心身に圧迫を感じ、このようにして一旦生じた心理的な影響は、公判開始後に手錠等が外されたからといって除去されるものではない。このことは大阪弁護士会が実施したアンケート調査において多数の被告人らが「言いたいことが言えなくなる。被告人質問の途中でやめてしまったこともある」、「罪人であると思われていると感じた」などと回答していることからも明らかであり、原告Ｐ２も同様の意見を述べている。

　入退廷時に被告人に手錠等を使用することは、公判に臨む被告人の心理に不当な作用を及ぼす結果、被告人の真意に基づく供述を困難にさせるなど、適切な防御権行使を阻害するものであって、違法である。

（オ）対等な当事者の地位を害すること。

　憲法は、糾問主義への反省や、訴訟の一方当事者である検察官が、捜査、訴追権限を背景に圧倒的に優位な地位にあること等に鑑み、当事者主義的訴訟構造のもと、被告人の訴訟上の地位、権利を拡充することでその防御能力を高め、当事者間の「武器対等」を実現すべきであるとの実質的当事者主義を採用しており、被告人に検察官と対等な当事者として主体的に防御活動をする地位を保障している（憲法32条、37条）。しかし、被告人が手錠等を施されて入廷させられた場合、被告人は身体拘束された客体として取り扱われており、相手方である検察官と対等な当事者として処遇を受けているとはいえず、手錠等の被告人に与える心理的影響等から主体的な防御活動を十分に行うことができないことは明らかである。したがって、入退廷時に被告人に手錠等を使用することは、当事者としての主体的な防御活動を

保障した刑事手続の基本原則ないし憲法の規定に反し、違法である。

ウ　本件は、裁判長が訴訟手続において積極的に行った措置の妥当性が問題となる事案ではなく、国民の重要な権利利益が現に侵害されている状態において、その是正が図られるべき局面における裁判長の行為が問題となる事案であり、被告が主張するような法廷警察権に関する広範な裁量が妥当する場合ではない。

　本件刑事事件1及び2の各弁護人は、各公判期日に先立ち、本件裁判官らに対し、原告らが手錠等を施された姿を法廷内でさらされることにないよう措置を講じられたい旨を記載した申入書を提出し、公判期日でもその旨申し入れるなどした。また、原告らは収容態度もまじめで、逃走や暴行の気配を見せたことは一度もなかった。

　被告の主張するように、被告人の逃走防止のための措置を講じる必要があるとしても、裁判長としては、法廷内において手錠等を施された状態を放置するようなことをせずとも、①被告人を入廷させる直前に手錠等を外させ、退廷直後に手錠等を使用させる等の指示を刑務官に対してしたり、②法廷入口に衝立等による遮へいをした上で傍聴人から見えない形で手錠等を外し、又は使用するように刑務官に指示したり、③あるいは、裁判長が、開廷時に、傍聴人を入廷させる前に被告人を入廷させて刑務官に手錠等を外させ、閉廷時に、傍聴人を退廷させた後に手錠等を使用させるといった方法で、容易に被告人が手錠等を施された姿を法廷内でさらされないような配慮をすることは可能であり、現に、いくつかの裁判所で、そのような配慮に基づく措置が執られているところである。

　それにもかかわらず、本件裁判官らは、権利侵害状態を排除するために必要な措置をとらず、むしろ本件刑務官らの違法行為を追認したのである。このような権限不行使は、裁判長に与えられた法廷警察権の裁量を明らかに逸脱、濫用するものであり、被告の主張を前提としても、その与えられた権限の目的、範囲を逸脱し、又はその方法が甚だしく不当であるなどの特段の事情に該当するものであり、国賠法1条1項の適用上、違法の評価を免れない。

【被告の主張】

ア　法廷を主宰する裁判長の法廷警察権は、法廷における訴訟の運営に対する妨害を抑制、排除し、適正かつ迅速な裁判の実現という憲法上の要請を満たすために付与されているものである。そして、この法廷警察権は、法廷の状況等を最も的確に把握し得る立場にあり、かつ、訴訟の進行に全責任をもつ裁判長の広範な裁量に委ねられており、その判断は最大限に尊重されなければならない。したがって、法廷警察権に基づく裁判長の措置は、それが法廷警察権の目的、範囲を著しく逸脱し、又はその方法が甚だしく不当であるなどの特段の事情がない限り、国賠法1条1項の適用上、違法との評価を受けるものではない。

　以下に述べるとおり、そもそも本件刑務官らの行為が違法であるとはいえない以上、原告らの主張が前提において失当であることは明らかである。また、開廷時に法廷内で手錠等を解錠し、閉廷後に法廷内で手錠等を使用するという措置は、被告人の逃走等を防止し、もって適正かつ迅速な裁判を実現するために法廷警察権の行使の一環として相当数の裁判所において実施されていることは顕著な事実である。このことからすれば、本件裁判官らが原告ら

【資料3】大阪地裁2019年判決（全文）　177

について法廷内で傍聴人に手錠等を施された姿を見られないように特段の措置を講じなかったとしても、それが法廷警察権の目的、範囲を著しく逸脱し、又はその方法が甚だしく不当であるなどの特段の事情があるということはできないから、違法は認められない。

イ　本件刑務官らの行為が、原告らに対する関係で職務上の義務に違反するものではなかったこと。

（ア）公判廷における身体拘束禁止（刑訴法287条1項）に反するとの主張について

　刑訴法282条2項は、「公判廷は、裁判官及び裁判所書記が列席し、且つ検察官が出席してこれを開く。」と定めているところ、公判廷を「開く」とは、事件の実体に関する審理又は判決の宣告のための手続を開始したことをいうと解され、また、公判廷が終了するのも、上記の手続が終了したときであると解することができる。すると、本件刑務官らは、各公判期日において、本件裁判官らによる審理開始等のための開廷のための指示を踏まえて手錠等を解錠し、原告らは手錠等を施されていない状態で事件の実体に関する審理又は判決の宣告のための手続を受けていることから、本件刑務官らの措置は「公判廷」における身体拘束を禁じた刑訴法287条1項に反するものではない。

（イ）個人の尊厳を侵害するとの主張について

　原告らは、手錠等を使用して入退廷させる行為は、人間としての尊厳を著しく傷つけるものであり、憲法13条、98条2項や自由権規約7条、10条1項に違反する旨主張する。

　そもそも、国賠法1条1項の適用上、公務員の行為が違法といえるためには、権利ないし法益の侵害があるか否かではなく、公務員が個別の国民に対して負担する職務上の法的義務に違反するか否かで判断されるのであり、当該職務上の法的義務の有無は、法令の根拠に基づいて特定する必要があるところ、原告らの主張は、単に手錠等の使用が人間としての尊厳を傷つける（すなわち権利ないし法益の侵害がある）ため、憲法や条約に違反する旨を主張するのみで、具体的にいかなる法令の規定に基づいてどのような職務上の法的義務が発生するのか、何ら特定しておらず失当である。

（ウ）無罪の推定を受ける権利を侵害するとの主張について

　原告らは、手錠等が罪人を象徴する道具であり、これを見た一般人等に対し、被告人が有罪であることを示唆する表象を与える旨主張するが、原告ら独自の見解に基づくものであり、これを前提とする原告らの主張は失当である。

　この点を措くとしても、前記（イ）と同様に、国賠法1条1項の適用上違法であるか否かは、権利ないし法益の侵害があるか否かではなく、公務員が個別の国民に対して負担する職務上の法的義務に違反するか否かによって判断されるのであり、当該職務上の法的義務の有無は、法令の根拠に基づいて特定する必要があるところ、原告らの主張は、単に手錠等の使用が有罪であることを示唆する表象を与えるものであるから憲法に違反する旨を主張するのみで、具体的にいかなる法令の規定に基づいてどのような職務上の法的義務が発生するのか、何ら特定しておらず失当である。

（エ）被告人の防御権行使を困難にするとの主張について

原告らは、手錠等の使用により、被告人の心理に不当な作用を及ぼし、被告人の防御権行使を困難にするから、手錠等の使用が違法である旨主張する。

　しかしながら、手錠等を施されることで、被告人の心理に具体的にどのような不当な作用を及ぼし、被告人の防御権行使を困難にするのかは不明であり、具体的にいかなる防御権行使がどのようにして困難になったのかなどにつき、原告らは何ら主張立証していない。さらに、原告らは公判廷における実体審理に際して、手錠等を外された状態で審理に臨んでおり、手錠等の使用により、防御権行使が困難になったとは認められない。

（オ）対等な当事者の地位を害するとの主張について

　原告らは、手錠等を使用された状態での入退廷は、一方当事者たる検察官と対等な当事者としての処遇を受けているとは到底いえないから、手錠等の使用が対等な当事者の地位を害する旨主張する。

　そもそも、刑事裁判手続は、当事者追行主義という手続の基本的構成原理に基づいて造型されているところ、当事者追行主義とは、裁判手続の進行について、裁判所と当事者との関係に注目したとき、裁判所ではなく当事者が手続追行の主導権を持つ方式のことを意味する。

　そうすると、原告らは、実体審理開始前に手錠等を外され、手錠等が使用されていない状態で刑事手続を受けているのであり、当事者追行主義に基づき、対等な当事者として防御権行使をしているのであるから、対等な当事者としての防御権行使が阻害されたということもできない。

ウ　裁判所の法廷は、外壁等に囲まれた刑事施設のように物理的な逃走がおよそ困難な場所ではなく、一般傍聴人との間に物理的な移動を困難にするような大きな間仕切り等もなく、刑事施設内と比べても戒護力が弱い場所なのであるから、被告人が機会をうかがって逃走を図るおそれは十分にあり得るというべきであり、現に、手錠等を外された被告人が法廷から逃走したり、刑務官に暴行を加えたりした事例も発生している。

　被告が調査した限り、開廷前に被告人が逃走した事例は見当たらないが、これは、現在の運用として、被告人を入廷させた後も開廷前には手錠等を使用することが一般的であり、これにより逃走が防止されているためであると認められる。

　原告らは、法廷内で被告人が手錠等を施された姿をさらされないようにする措置をとることは可能である旨主張するが、以下に述べるとおり、原告らの主張するいずれの方法も不都合があることは明らかであって、採用し難い。

（ア）法廷の外で手錠等を外すとの方法を用いた場合の具体的な不都合について

　法廷の外で手錠を外し、手錠等を外した状態で被告人を入廷させ、閉廷後、手錠等を外した状態で被告人を退廷させ、法廷の外で手錠等を使用することとした場合、法廷の外（現実には被告人が入廷するために通過する通路等の法廷に接した扉付近となるものと思われる。）において、裁判体による目視確認のない状態で手錠等を外した上、被告人が手錠等を使用されていない状態で法廷に入り、法廷内を移動することとなり、現在の運用に比して被告人が逃走等をする可能性は格段に高まる（仮にこのような運用をする場合、裁判体が入廷

し、着席した後に被告人を入廷させようとすれば、裁判体が着席して手錠等を外す合図があるまで、被告人は上記通路で待機する必要が生じるが、手錠等を使用した状態であるとはいえ、被告人が逃走等を行う可能性があるため、各法廷に通じる通路全体の警備状況も考慮に入れる必要がある。)。

　法廷において当該事件を審理する裁判体の目視確認を受けている状況において手錠等を外すことは、厳粛な法廷の雰囲気もあいまって、被告人の逃走等の意図を減殺させる効果があることは明らかで、これにより法廷秩序の安全を確保することができるが、そうではなく、法廷の外で手錠等を外す場合には、被告人の逃走を防止するために、護送を担当する刑事施設の職員を増員することが必要となる（具体的には、現在、刑事施設の職員は、被告人とともに法廷内に入廷し、法廷内で手錠等を外しているが、法廷の外で手錠等を外すこととなれば、被告人が入廷した直後に逃走することを防ぐため、新たに法廷内に職員を配置することが必要となる。)。

　もっとも、刑事施設は、限られた数の職員で多数の被収容者の管理及び運営をしているのであり、護送の際に必要となる職員の人員が増え、これに比例して刑事施設の管理及び運営に従事する職員の人員が減ることとなれば、刑事施設の管理及び運営に著しい支障をきたすことになりかねない。また、法廷の外で手錠等を外すこととした場合には、刑事施設の職員に加え、裁判所職員も配置することが必要となるが、日々審理されている全ての刑事事件において逐一裁判所職員の配置を行うことが可能であるかは疑問があり、これが可能であるとしても、裁判所職員は被告人確保のための逮捕、制圧等についての訓練を受けていないことから、逃走を十分防止できない可能性も否定することができない。

（イ）法廷内で傍聴人がいない状態で手錠等を外す場合の具体的な不都合について

　そもそも、被告人の入退廷の都度傍聴人を退廷させるという運用は、国民に対する裁判所の法廷運営の在り方という観点からみた場合、好ましいものとはいえないとの指摘がある。しかも、このような方法を行う場合、既に入廷していた傍聴人がいた場合、全員をいったん退廷させた上、被告人を入廷させ、被告人の手錠等を外した後、傍聴人を入廷させて開廷し、閉廷後は、まず、傍聴人を全て退廷させた上、被告人に手錠等を使用し、退廷させることが必要となるが、開廷前あるいは閉廷後も被告人が手錠等を使用されないまま傍聴人の入退廷を待つこととなるため、現在の運用に比して被告人が手錠等を使用されていない時間が長くなることとなり、それだけ逃走等の可能性が高まることとなる。

（ウ）遮へい措置を講じた上で手錠等を外す場合の具体的な不都合について

　被収容者である被告人の護送を担当する刑事施設の職員は、通常、被告人を入廷させる際、法廷のみならず傍聴席の状況も観察することで、傍聴席の被告人の関係者の有無とともに、被告人の奪還等を意図する者の有無等を適切に把握しようと努めるが、遮へい措置を講じた上で被告人を法廷に入廷させる場合、上記の観察等が不可能になるため、被告人の関係者が法廷内に入って被告人の奪還を図った場合、適切な対応が遅れる可能性があり、現に、現状の法廷内の設備では傍聴席から法廷内へ侵入は容易である。

180

また、法廷の構造によっては、遮へい措置によって裁判体からの目視確認ができないこととなるため、裁判体が被告人の動静を確認することができず、法廷秩序の安全を維持できない可能性があるほか、被告人が衝立を倒すなどして法廷内の関係者又は傍聴人が負傷する可能性も否定できない。

（２）争点２（本件刑務官らが公判期日における入退廷時に原告らに対して手錠等を使用したことが違法であるか否か。）

【原告らの主張】

ア　本件刑務官らが、各公判期日おいて、原告らを入退廷させるに際し、原告らに対して手錠等を使用し、手錠等を施された姿を裁判官や傍聴人の目にさらしたことは、前記（１）の【原告らの主張】イで述べたのと同様の理由により、原告らの権利を違法に侵害するものというべきである。

　法廷内では、手錠等の使用に関する権限を含む刑務官の戒護権と法廷を主宰する裁判官の法廷警察権ないし訴訟指揮権は併存しており、裁判官が刑務官に対して手錠等の解錠、施錠のタイミング等につき何らの意向を示していない場合、刑務官は自らの裁量で、手錠等の使用の許否を判断することができる。本件刑務官らは、入退廷に際して、手錠等の使用に関して比例原則に則った判断を行わず、漫然と手錠等を使用して原告らの権利を侵害しており、かかる措置が違法であることは明らかである。

　そして、平成27年に開催された大阪司法事務協議会において、大阪弁護士会から大阪拘置所に対し、法廷内での手錠等の使用に関する申入れを行っていたこと等に照らせば、本件刑務官らには故意又は過失も認められるというべきである。

イ　被告は、公判廷への入退廷の際は、被収容者を「護送する場合」（刑事収容施設法78条１項）に該当することから、公判廷内であっても手錠等を使用することができる旨主張する。しかしながらかかる主張は、同法の解釈を誤ったものである。刑事収容施設法は監獄法に存在した「刑事施設外ニ在ルトキ」との文言を用いていないこと、勾留の目的が裁判所への出頭確保にあること等に照らせば、「護送」とは、ある場所からある場所への物理的な移動をいい、目的地である場所に到着すれば完了するものと解される。すると、本件においては、刑務官が被告人を公判が開かれる法廷に到着した時点で「護送」は完了しているから、少なくとも入廷に際して開廷までの間、原告らに対して手錠等を使用したことは、違法である。

　また、刑事収容施設法78条１項は、「捕縄又は手錠を使用することができる」と定めるところ、監獄法施行規則が「手錠及び捕縄」を使用できると定めていたこととの比較や、立法技術上、「又は」との文言が「及び」の意味で用いられるのは、２つ以上の事項をともに禁じる場合において、禁止形式（否定文形式）の法文が用いられる場合に、誤読を防ぐ目的で用いられるときとされていることからすれば、文理解釈としても、刑事収容施設法78条１項について、捕縄と手錠の併用を許容したものと解釈することはできない。したがって、原告らに対して本件刑務官らが捕縄と手錠を併用したことは、同項の文言に反し、違法である。

ウ　刑事収容施設法78条１項が、刑務官に対し、被収容者を護送する場合において手錠等

を使用するか否かにつき裁量を与える趣旨の規定であるとしても、国家の権力作用として手錠等の使用がされるものである以上、上記裁量には、比例原則に基づく制約が存在するのであり、「護送する場合」に該当することからといって一律に手錠等の使用が許されるわけではない。このことは、国際的な慣習法となっているマンデラ・ルールズに照らしても明らかである。特に、公判廷の入退廷に関しての手錠等の使用は、被告人の重要な権利利益に対する制約となることからすれば、原則として手錠等を使用することは許されず、被告人の性格や身体的特徴、収容施設内での素行等に照らし、これを用いる必要性が具体的に認められる場合に限って、他に取り得る合理的な手段等を踏まえ、手錠等を用いることが相当といえる例外的な場面においてのみ使用することが許されるというべきである。

　原告らはともに、体格は普通、性格は大人しく、収容態度も真面目であって、公判廷への出廷に際して逃亡を図る気配等を見せたことはなく、少なくとも公判廷に到着した時点以降、手錠等を使用する必要性は全くなかった。被収容者を護送する場合、刑事施設外にあるというだけで被収容者の逃走のおそれが類型的に高まるということはできず、屋外を徒歩で移動するのか又は護送車に乗車しているのか、移動中であるか又は法廷内であるのかなどの事情により、逃走のおそれは異なるというべきである。それにもかかわらず、本件刑務官らはかかる事情を一切考慮せず、一律に手錠等を使用した違法がある。

【被告の主張】

ア　公権力の行使に際しては、法の定める一定の要件の下、国民の権利利益を侵害することが許容されている以上、国賠法1条1項の適用上、違法といえるためには、個別の国民の権利ないし法益の侵害があることを前提として、さらにその公権力の行使が、公務員が当該個別の国民に対して負担する職務上の法的義務（行為規範）に違背することが必要であると解される。

　刑事施設の規律及び秩序を維持し、安全な管理を保持するための保安作用を戒護といい、刑事収容施設法は、刑務官に対し、刑事施設の規律及び秩序を維持する目的を達成するため、被収容者に対する手錠等の使用を含む種々の権限（戒護権）を規定している。そして、刑事施設外においては、物的及び人的な戒護力が十分な刑事施設内と異なり、戒護力が弱く、被収容者の逃走を防止する必要性が高いことから、同法78条1項は、「護送する場合」において特段の加重要件なしに手錠等の使用を許容しているのであって、刑務官は、被収容者である被告人を刑事施設の外に連れ出した時点で、被告人に対し、戒護権の行使として手錠等を使用することができる。

　上記した法の趣旨及び同項が手錠等を使用することが「できる」と規定していることからすれば、被収容者を護送する場合に手錠等を使用するか否かは刑務官の合理的な裁量に委ねられており、したがって、刑務官が被収容者を護送する場合に手錠等を使用したとしても、そのことのみをもって国賠法1条1項の適用上違法と評価されることはない。

イ　上記の刑事収容施設法の趣旨に照らせば、同法78条1項の「護送する場合」とは、広く被収容者を刑事施設の外に連れ出している場合をいい、護送のために移動中の場合はもち

ろん、診療を受けるために外部病院にいる場合や裁判所や検察庁内の待機所にいる場合等も「護送する場合」に含まれ、法廷に到着後、公判審理が開始されるまでの間もこれに含まれるというべきである。

　また、同項は、「捕縄又は手錠」を使用することができると定めるが、通常の立法技術上の用語例や、同法を受けて発出された「刑務官の職務執行に関する訓令」との整合性及び実質的な逃走防止の必要性等にかんがみれば、この文言は、捕縄だけ、手錠だけを使用することのみを認めたものと解釈すべきでなく、捕縄と手錠の併用も認めたものと解釈すべきである。以上によれば、本件刑務官らが、原告らを「護送」するに際して、手錠及び捕縄を併用したことが、同項の規定に反して違法であるということはできない。

ウ　刑事施設外においては、被収容者の逃走等を防止する十分な人的、物的設備がなく、逃走等のおそれが類型的に高まるのであり、公判期日に出頭するため、被告人が出廷する場合であっても同様である。実際に、手錠等が使用されていない状態である開廷後に被告人が逃走を図った事例や護送を担当した職員等に対し暴行を加えた事例等は平成21年以降に限っても複数存在しているところ、ひとたび、被告人が逃走するような事故が発生すれば、刑事裁判の円滑な進行が大きく阻害されることになるのはもとより、周辺住民にも大きな不安と恐怖を与え、当該被告人の身体確保のために多大な時間と労力を費やすことは明らかである。

　以上の事情にも鑑み、現時点では、原則として、入廷後開廷までの間及び閉廷後退廷するまでの間、いずれも手錠等を使用する運用が広く行われている。本件においても、原告らに上記の運用を行わないとする特段の事情が認められなかったことから、本件刑務官らは、逃走等を防止する必要性を重視して、原則どおり、入退廷に際して手錠等を使用する取扱いとしたものであって、このような措置が、本件刑務官らに与えられた戒護権の裁量の範囲を逸脱し又は濫用したものということはできず、国賠法1条1項の適用上、違法の評価を受けることはあり得ない。

（3）争点3（首席矯正処遇官が本件指示を発出したことが違法であるか否か。）

【原告らの主張】

　本件指示は、出廷に際して、開廷と同時に手錠等を解き、また閉廷が宣せられると同時に手錠等を使用することを定めているところ、この定めは被告人が「公判廷」という場所に入廷しているにもかかわらず、手錠等の使用を認めている点で、「公判廷」における身体拘束を禁止する刑訴法287条1項に反する。したがって、本件指示を作成した首席矯正処遇官の行為は、国賠法1条1項の適用上違法の評価を受ける。

【被告の主張】

　争う。また、本件刑務官らの措置が違法といえない以上、本件指示の発出をもって違法ということもできない。

（4）争点4（損害の発生及びその額）

【原告らの主張】

　原告らは、本件裁判官ら又は本件刑務官らによる違法行為により、傍聴人や裁判官を含む

【資料3】大阪地裁2019年判決（全文）　183

法廷内の他者に手錠等を施された姿を見られたことで精神的苦痛を被った。かかる精神的苦痛を慰謝するための慰謝料としては、1回の出廷につき、10万円が相当である。

　以上によれば、原告P1には40万円、原告P2には10万円の損害が生じたというべきである。

【被告の主張】

　不知ないし争う。

第3　当裁判所の判断

1　原告らに使用された手錠等について

　(1)　原告P1は、本件刑事事件1の被告人として、平成29年3月22日、同年4月21日、同年5月12日及び同月31日の各公判期日に出頭するに際し、原告P2は、本件刑事事件2の被告人として、同年1月30日の公判期日に出頭するに際し、それぞれ勾留場所であった大阪拘置所から大阪地方裁判所の法廷まで護送された。その際の流れは、①同拘置所内の収容居室から出室し、仮出廷準備室へ移動する、②仮出廷準備室において手錠等を使用される、③官用車により同裁判所へ移動する、④同裁判所へ到着後、手錠等を外され、出廷留置場の収容居室へ移動する、⑤出廷留置場の収容居室から出室し、手錠等を使用され、法廷へ移動するというものであった。なお、原告らは、上記各公判期日の終了後、同裁判所から同拘置所まで護送されたが、その際の流れは上記①ないし⑤を逆に行うものであった。(前提事実、乙3)

　(2)　刑事収容施設法及び同法施行規則において、被収容者を護送する場合に使用することができる手錠は、開閉可能な腕輪2個を鎖で連結したものとし、各腕輪は、歯止めで止まり、施錠できるものと定められ、捕縄については、縄の直径はおおむね6ミリメートルとし、長さはおおむね3メートル以上15メートル以下とし、縄の一端をおおむね12センチメートルのところで折り返して元縄に固定し、輪状になる部分を設けるものと定められている。原告らに使用された手錠等もこのようなものであった。(前提事実、甲33、乙3、弁論の全趣旨)

　(3)　囚人の逃走を防止するための戒具は、明治時代初めには各藩獄で用いられていた戒具がそのまま使用されるなどしており、戒具を用いる場合の規定も存在せず、囚人の作業等級による成績手段として用いられるなどしたが、明治22年に改正された監獄則において、押送時における戒具の使用についての規定が設けられた。その後明治41年に制定、施行された監獄法(明治41年法律第28号)において、「在監者逃走、暴行若クハ自殺ノ虞アルトキ又ハ監外ニ在ルトキハ戒具ヲ使用スルコトヲ得」(同法19条1項)との規定が設けられ、同法と同時に施行された監獄法施行規則(司法省令第18号)において、戒具の1つとして、手錠及び捕縄が定められ、刑事施設収容者が施設外にいる場合の手錠及び捕縄使用の法的根拠が明確にされた。未決拘禁者に対する監獄法及び監獄法施行規則の上記の定めは、刑事施設及び受刑者の処遇等に関する法律の一部を改正する法律(平成18年法律第58号)の施行により全面的に改められ、前提事実記載の刑事収容施設法及び施行規則の定めとなった。(甲

32、33、65ないし70)

2　法廷における戒具の使用に関する通知、書簡等

（１）最高裁判所事務総局刑事局長及び家庭局長は、平成５年７月19日付けで連名による高等裁判所長官、地方裁判所長及び家庭裁判所長あて書簡（以下「最高裁刑事局長等書簡」という。）を発出した。この最高裁刑事局長等書簡には以下の記載がある（甲34）。

「過日、ある地方裁判所において、被告人側から手錠姿が傍聴人の目に触れないようにしてもらいたい旨の要請があり、これに応じて、裁判所が、開廷時に、入廷していた傍聴人をいったん退廷させた上、被告人を入廷させて戒具を外させ、その後に傍聴人を再度入廷させ、また、閉廷時には、傍聴人を退廷させた後に戒具を施させるという措置を執った事例がありました。

戒具を施された姿を傍聴人にさらしたくないという被告人の心情を酌んでその要請を入れる場合でも、法廷内における被告人の身柄の確保については、拘置所の立場とその権限（戒護権）にも十分配慮しつつ万全を期さなければならないことは言うまでもないところです。前記のように、裁判所が入廷していた傍聴人をいったん退廷させたのは、この点を考慮した結果であると思われますが、被告人の入退廷の都度傍聴人を退廷させるという運用を一般化するとなると、国民に対する裁判所の法廷運営の在り方という観点からみた場合、決して好ましいものとはいえないと考えます。

そこで、刑事局においては、傍聴人を退廷させずに戒具を施された被告人の姿を傍聴人の目に触れさせないようにするための１つの方策として、法務省矯正局に対し、裁判官が被告人より先に入廷し、又は後に退廷することを前提に、被告人の入廷直前又は退廷直後に法廷の出入口の所で解錠し、又は施錠させるという運用を一般化することについて打診してきました。しかし、法務省矯正局においては、公判廷では、開廷と同時に手錠等を解錠し、閉廷時は直ちに施錠して被告人を退廷させるという取扱いとしており、被告人が法廷外で立ったままの状態で戒具を取り外した場合には逃走のおそれが高いこと等を理由に（中略）、戒具の取り外しは、従来どおり、飽くまで被告人席で行うのを原則としてもらいたい旨強く希望しています。

なお、刑事局においては、被告人の逃走防止のための法廷の構造上あるいは設備上の手当についても関係局と検討してきましたが、近い将来そのための予算上の措置を講ずることは難しい状況です。

以上のような次第ですので、今後、特に戒具を施された被告人の姿を傍聴人の目に触れさせることは避けるべきであるという事情が認められる場合には、（中略）、裁判官、被告人、傍聴人という順序又は被告人、裁判官、傍聴人という順序で入廷し、傍聴人、被告人、裁判官という順序で退廷することとし、傍聴人のいない所で解錠し、又は施錠させるという運用を原則とすることが相当であると考えられます。また、これによることができない特段の事情がある場合には、あらかじめ拘置所と協議の上、別紙（略）記載の諸点に留意しつつ被告人の入廷直前、又は退廷直後に法廷の出入口の所で解錠し、又は施錠させるというという方

【資料3】大阪地裁 2019 年判決（全文）　　185

法その他適切な方法を執ることが相当と考えられます。（後略）」

（２）法務省矯正局長は、前記最高裁刑事局長等書簡の発出を踏まえて、同日付け「刑事法廷における戒具の使用について（通知）」（矯保1704。以下「法務省矯正局長通知」という。）を発出した。法務省矯正局長通知においては、まず、刑事法廷における手錠等の使用については、昭和32年５月７日付け法務省矯正局長通達（矯正甲第398号「刑事法廷等における事故の防止について」。以下「矯正局長通達」という。）所定のとおり、手錠等を使用した場合は、開廷と同時にこれを解錠し、閉廷時は直ちに施錠して退廷せしめることが原則的な取扱いであるところ、最高裁判所事務総局刑事局から法務省矯正局に対し、被告人の手錠姿を傍聴人の目に触れさせないようにするための１つの方策として、裁判官が被告人より先に入廷し、又は後に退廷することを前提に、被告人の入廷直前又は退廷直後に法廷の出入口（法廷外）の所で解錠し、又は施錠させるという運用を一般化させることについての打診があったことが紹介された。その上で、同通知は、「しかしながら、当局としては、監外という物的戒護の面で戒護力が著しく低下している状況下にあり、逃走防止等について格段の配慮が求められることから、法廷（外）の出入口において戒具の取り外しを行うことを一般化させることはできかねる旨を申入れる等して最高裁と協議を続けていた」、「今般、前記通達（注：矯正局長通達）所定の取扱いを原則としながらも、裁判所が、今後、特に戒具を施された被告人の姿を傍聴人の目に触れさせることは避けるべきであるという事情が認められると判断した事件の戒具取り外しについては、従前要警備事件（裁判所がそのように認識した事件）等において執られていたように、裁判官、被告人、傍聴人という順序又は被告人、裁判官、傍聴人という順序で入廷し、傍聴人、被告人、裁判官という順序で退廷することとし、傍聴人のいないところで解錠し、又は施錠させるという運用を原則とし、これによることができない特段の事情がある場合には、あらかじめ裁判所と拘置所が協議した上、被告人の入廷直前又は退廷直後に法廷（外）の出入口の所で解錠し、又は施錠させるという方法その他適切な方法を執る取扱いとすることで最高裁との協議が整い」と述べて、前記最高裁刑事局長等書簡の内容を紹介した。同通知は、さらに、留意事項として、「本件については、規律秩序を維持し、拘禁を確保する必要上から基本的には、前記通達（注：矯正局長通達）所定の取扱いによることが相当であり、なお上記の運用原則による場合においても特段の支障は生じないと考えられるところですが、前記書簡（注：最高裁刑事局長等書簡）の内容にかんがみ、特段の事情がある場合に該当する事案であるとして、各裁判所から協議の申入れがあり、法廷の出入口等法廷外における戒具の取り外しが要請されるケース、あるいは、訴訟指揮権又は法廷警察権の行使として、裁判官から、これらによらない取扱いが要請されるケースが生じてくるものと思われます。」、「ついては、当該協議の場においては、法廷外における戒具取り外しによる逃走等の保安事故発生の危険性の増大という点につき裁判所の理解を求めるとともに、保安事故の防止に万全を期する観点から、裁判所と十分に協議を尽くすなど慎重に対応するよう配意願います」等と言及した。（甲34）

（３）法務省矯正局成人矯正課長は、裁判員裁判の法廷における手錠等の使用に関して、最

高裁判所事務総局刑事局との間で協議した結果として基本的な方針を取りまとめ、平成21年7月24日付けで「裁判員の参加する刑事裁判の法廷における手錠等の使用について（通知）」（矯成3666。以下「法務省成人矯正課長通知」という。）を発出した（甲35）。

　法務省成人矯正課長通知には、以下の記載がある。

ア　裁判所と刑事施設との間の打合せについて

　裁判員裁判の法廷における被告人の手錠等の着脱の手順については、次に掲げる事項に従い、裁判所と刑事施設の間で打合せを行う。

（ア）裁判所は、裁判員裁判の公判前整理手続又はそれ以外の検察官及び弁護人との打合せ等において、弁護人に対し、当該裁判員裁判の法廷において、裁判員に被告人の手錠等を見せないために開廷の前に被告人の手錠等を外すこと（以下「事前解錠」という。）を要望するか否かを確認し、弁護人の要望を踏まえて、事前解錠を行うことの適否を判断する。

（イ）裁判所は、事前解錠を行うことが適当であると判断した場合は、できる限り第1回公判期日の1か月前までに、刑事施設に対し、事前解錠を行う方針であることを伝えた上、刑事施設との間で、そのための具体的な手順について、適宜の方法により打合せを行う。

（ウ）刑事施設は、公判期日までの間に、被告人について、逃亡、自傷他害、器物損壊のおそれが高いなど事前解錠を行うことが相当でないと判断する動静等があった場合は、直ちに、裁判所に対し、その動静等に関する具体的な状況を伝えた上、裁判所との間で、手錠等の着脱の具体的手順について打合せを行う。

（エ）裁判所は、被害者参加人の有無、当該事件の関係者の傍聴の有無等、被告人の動静に影響を及ぼすおそれのある具体的な情報を把握している場合には、刑事施設に対し、それを速やかに伝えるように務める。

（オ）裁判所は、事前解錠を行うこととした場合には、刑事施設との打合せの結果を踏まえ、速やかに、検察官及び弁護人に対してその旨を伝える。

イ　事前解錠の基本的な留意事項について

　事前解錠を行う場合は、次に掲げる事項に留意する。

（ア）裁判所は、刑務官が被告人の手錠等を外した後、直ちに裁判官及び裁判員の入廷を開始するものとする。ただし、その際に、被告人が逃走、自傷他害、器物損壊等の行為に及ぶ気勢を示したときは、刑務官が、自己の判断において、被告人を制圧した上、必要があれば、再度、手錠等を施して拘束することを妨げない。

（イ）刑務官は、公判期日当日において、法廷で被告人の手錠等を外すまでの間に、被告人の動静等にかんがみ、保安上の観点から事前解錠を行うことが相当でないと判断した場合は、適宜の方法により、裁判所に対し、その旨の意見を述べることとし、裁判所はその意見を踏まえて適切に対応する。

ウ　被告人の手錠等の着脱に関する具体的な手順について

　事前解錠及び閉廷時における被告人の手錠等の着用に関する具体的な手順については、別紙（省略）によるものとし、その手順は、休廷の際も同様とする。ただし、各裁判所の裁判

員裁判に使用される法廷の構造等の実情に応じ、裁判所と刑事施設との打合せにより、適宜の方法を採ることは差し支えない。

3　争点1（本件裁判官らが手錠等を施された原告らの姿を法廷内において他者に見られないようにするための措置を講じなかったことが違法であるか否か。）に対する判断

（1）総論

ア　原告らは、本件裁判官らは、本件刑事事件1及び2の各公判期日が開かれた法廷において、適切に法廷警察権を行使せず、本件刑務官らによる原告らに対する違法な手錠等の使用を放置し、手錠等を施された原告らの姿を法廷内の他者の目にさらす結果を生じさせたとして、上記の本件裁判官ら及び本件刑務官らのいずれの行為についても国賠法1条1項の適用上違法であると主張する。

　勾留中の被告人の身柄確保については、刑事施設が権限と責任を有しており、刑務官には、刑事施設の規律及び秩序を維持し、安全な管理を保持するための保安作用に関する権限（戒護権）の一環として被告人の身柄確保のため刑事施設の外において手錠等を使用する権限があると解される（刑事施設収容法73条ないし83条参照）。

　他方で、裁判手続を主宰する裁判長には、裁判所の職務の執行を妨げ、又は不当な行状をする者に対して、法廷の秩序を維持するための相当な処分をする権限すなわち法廷警察権が付与されている（裁判所法71条、刑訴法288条2項等参照）。この法廷警察権は、法廷における訴訟の運営に対する傍聴人等の妨害を抑制、排除し、適正かつ迅速な裁判の実現という憲法上の要請を満たすために裁判長に付与された権限である。そして、法廷警察権はそれ自体、手錠等の使用を直接内容とするものではないが、裁判長は法廷内の秩序維持という観点から、当該権限を行使することで、刑務官に対して被告人に対する手錠等の使用を指示できるものと解される。なお、法廷警察権は審理の行われている法廷内において行使されるのが通常であるが、所期の目的を達成するために必要な限度で、それ以外の時間及び場所において行使されることが排除されるものではないと解される。

イ　以上のとおり、刑務官は、戒護権の行使として勾留中の被告人に対して手錠等を使用できるのに対し、公判期日の開かれる法廷内においては裁判長が法廷警察権の行使として、開廷前及び閉廷後の手錠等の使用を指示できるとも解されるため、被告人の入退廷時における手錠等の使用が違法であるかどうかを検討する前提として、上記の刑務官と裁判長の権限の関係をどのようなものと解するかが問題となる。

　もとより、刑務官の戒護権と裁判長の法廷警察権は、上記のとおり基本的な目的及び性質を異にするものである以上、権限が重なり合う場面においても両権限は併存していると解される。ただし、裁判長の法廷警察権は憲法上の要請を踏まえた権限であり、その行使の要否、執るべき措置についての裁判長の判断は、最大限に尊重されなければならないというべきであることや、法廷内における両権限の行使は、究極的には、被告人の身体の保全を実現し、円滑な審理を実現するために行われるべきものであることからすれば、裁判長の法廷警察権と刑務官の戒護権とが重なりあう場面においては、基本的に裁判長の法廷警察権が優先する

ものと解すべきである。

　もっとも、身柄拘束中の被告人の手錠等を外した状態とした場合には逃走の危険が生じることは否定できないから、実際上、手錠等を具体的にいかなるタイミングにおいて、どのような方法で外すかは、被告人の身柄確保に責任を負う刑事施設及び実際の護送を担当する刑務官の意向を無視して決めることができないことはいうまでもない。また、審理を担当する裁判官が手錠等を外すことを刑務官に指示した場合であっても、刑務官において被告人が逃走する危険を察知した場合には裁判官の指示を待つことなく手錠等を使用することが許される例外的な場合もあると解される。このような意味で、裁判長の法廷警察権の行使は、刑事施設の意見を踏まえたものであるべきであるし、例外的に裁判長の法廷警察権の行使と独立して刑務官の戒護権の行使がされるべき場合はあるものの、前記のような権限相互の関係についての理解を前提とした場合、被告人に施された手錠等を開廷前のどのタイミングでどのような状況下で外し、閉廷後のどのタイミングでどのような状況下で使用するかという問題一般を検討するについては、基本的に、裁判長の法廷警察権の行使の在り方の問題であると整理した上で検討を行うのが相当である。

ウ　そこで、以下においては、原告らが手錠等を施されたままの状態で入退廷をさせられたことにつき、本件裁判官らの法廷警察権の行使として国賠法上問題となる点があるか否かをまず検討することとし、その中で必要に応じて本件刑務官らの執った措置についても検討を行うこととする（原告らの主張は、本件刑務官らの行為の適否について独立に主張するものであるが、裁判所が原告らの主張を上記の趣旨に解して判断することを妨げるものではないと解される。）。

（２）刑訴法287条１項違反との主張について

ア　原告らは、開廷前又は閉廷後であっても、本件刑務官らが法廷内において原告らに手錠等を使用していたことは、刑訴法287条１項又は同項の趣旨に反し、違法であり、これを放置した本件裁判官らの措置は違法である旨主張する。

　憲法37条１項は、刑事事件の被告人には、公平な裁判所の迅速な公開裁判を受ける権利を保障しており、刑訴法における「公判廷」に関する総則的規定に当たる同法282条は、公判期日における手続は、裁判官及び裁判所書記官が列席し、検察官が出席した公判廷で行うものと定めている。これらの規定にも照らすと、同法287条１項本文が公判廷において被告人の身体を拘束してはならない旨規定している趣旨は、身体拘束が被告人の心理面に影響を及ぼし、防御活動の制約となり得ることや、当事者の一方が身体の拘束を受けたのでは手続の公正を期することができないことから、そのような事態を防ぐために、公判廷において、被告人に対し手錠等を使用するなどして、身体を拘束することを禁じているものと解される。

イ　そうすると、同項本文は、公判期日が開かれる公判廷において被告人の防御権保障を全うし、手続の公正を確保するため、被告人の身体を拘束することを禁じているものと解されるのであって、およそ法廷という物理的な場所における被告人の身体拘束を禁じるという趣旨まで含むものではないと解される。したがって、公判期日が開始（開廷）される前、又は

【資料3】大阪地裁 2019 年判決（全文）　189

公判期日が終了（閉廷）した後に、原告らに対して法廷内で手錠等が使用されたとしても、刑訴法287条1項が直接規律する事項ではなく、同項に反する措置ということはできないものというべきである。

以上によれば、各公判期日当日における入廷から開廷までの間ないし閉廷から退廷までの間、法廷内において原告らに対して手錠等が使用されたとしても、刑訴法287条1項の規定に反する措置ということはいうことはできない。したがって、この点に関する原告らの主張は採用することができない。

（3）無罪の推定を受ける権利が侵害される等の主張について

ア　原告らは、手錠等は罪人を象徴する道具（戒具）であるところ、原告らに対して手錠等を施して出廷させ、裁判官や傍聴人に対して罪人や有罪であるとの印象を与えることは、被告人の無罪の推定を受ける権利に由来する利益を侵害し、憲法31条、37条、自由権規約14条2項等に反し、違憲、違法である旨主張する。

前記1のとおり、手錠等については明治時代から戒具として利用されてきたものであり、現在でも刑事施設において一般的に使用されているものであること、現に、裁判員裁判対象事件においては裁判員に与える影響に配慮して、弁護人の要望に応じて、事前解錠の措置が執られていること（前記法務省成人矯正課長通知参照）等に照らせば、現在の社会一般の受け取り方を基準とした場合、手錠等を施された被告人の姿は、罪人、有罪であるとの印象を与えるおそれがないとはいえないと思われる。

しかしながら、仮に法廷内にいる傍聴人が上記の印象を抱いたとしても、そのことが公判手続の追行において被告人の地位に何らかの影響を与えるものではない。また、刑事訴訟に関する諸原則に精通し、独立して職権を行使することが保障された裁判官が、被告人の容姿等から同人が罪を犯した者であるなどといった何らかの心証を感得し、予断を生じることはおよそ想定し難い事態というべきである。そうすると、一般に被告人が無罪の推定を受けるべき地位にあるとしても、傍聴人又は裁判官が、入廷時又は退廷時に、手錠等を施された原告らの姿を見ることによって、被告人の上記の地位が脅かされるということはないといわざるを得ない。

したがって、原告らの上記の主張は採用することができない。

イ　さらに、原告らは、入退廷時に被告人に手錠等を使用することは、公判に臨む被告人の心理に不当な作用を及ぼす結果、被告人の真意に基づく供述を困難にさせるなど、適切な防御権行使を阻害し、また、刑事訴訟手続の一方当事者である検察官との比較において、被告人のみが手錠等を使用されることは、刑事訴訟手続において保障された対等な当事者の地位を侵害することから、憲法32条、37条に反するものであって、違憲、違法である旨主張する。

手錠等は被使用者の身体を直接的に拘束することによってその逃走等を封じる戒具であるから、これらが使用された状態下においては、被拘束者はその心身に何らかの圧迫を受け、任意の供述は期待できないものと推定され（最高裁昭和37年（あ）第2206号同昭和38年9月13日第2小法廷判決・刑集17巻8号1703頁参照）、被告人が十分な防御活動を行うこと

ができないおそれがあることは否定することができない。刑訴法287条１項は、このような観点から、被告人の防御権保障を全うすべく、公判手続が開かれている間の被告人の身体拘束を禁じているものと解され、前記前提事実によれば、本件においても、開廷時から閉廷までの間、原告らの手錠等は外されていたものと認められる。

　その上で、原告らは、入廷時等に手錠等が使用されたことによって被告人に生じた心理的負荷は、一度生じてしまうと直ちに払拭できないものであるとし、入廷後開廷前の時間に手錠等が使用されてしまうと被告人の防御活動は困難になる旨主張し、大阪弁護士会が身体拘束された被告人を対象に実施したアンケート結果（甲39の２）によれば、法廷内で手錠等を使用された被告人のうち一定数の者が、自己の姿を傍聴人に見られることにつき恥ずかしいと感じたり、罪人であると思われていると感じたりした旨の回答をしたことが認められ、原告Ｐ２の陳述書（甲44）中にも、「こんな精神状態の更に上をいくのが裁判所への行き帰り及び法廷で公判が始まるまでの手錠及腰縄です。これだけ弱っている状態の人間に更に手錠・腰縄をしているので人によっては相当深い所まで落とされるのです」と述べる部分がある。

　しかしながら、手錠等が心身に与える上記の影響は、手錠等の使用によって主に身体が物理的に拘束されることにより何らかの圧迫を受けることに由来すると考えられることからすれば、手錠等を使用された被告人が手錠等を施された状態において上記のアンケート回答や陳述書のように感じるとしても、手錠等を解かれた状態においてまで何らかの影響が残存するものとは直ちに認め難い。よって、原告らの上記主張は採用の限りではない。

　また、本件刑事事件１及び２の各公判期日において、開廷時から閉廷まで原告らの手錠等は解かれていたことは前提事実記載のとおりであって、原告らは身体拘束されることなく公判手続において防御活動を行える立場にあったことからすれば、入退廷時に手錠等が使用されたとしても、検察官との関係において対等当事者としての地位が侵害されたということもできず、この点に関する原告らの主張も理由がない。

（４）個人の尊厳を侵害するとの主張について

ア　原告らは、本件裁判官らが、入退廷時において、原告らに手錠等を施し、法廷内の傍聴人等の他者の目に触れさせたことは、原告らの人格に対する配慮に著しく欠けるものであり、手錠等により拘束された姿を見られないという人格権、ひいては個人の尊厳（憲法13条）を侵害し、法廷警察権の行使として違法である旨主張する。

イ　何人も、個人の私生活上の自由の一つとして、その承諾なしに、みだりにその容ぼう・姿態を撮影されない自由を有するところ、公判廷における被告人にも原則として同様の利益が保障されているものと解される（最高裁昭和40年（あ）第1187号同44年12月24日大法廷判決・刑集23巻12号1625頁、最高裁平成15年（受）第281号同17年11月10日第一小法廷判決・民集59巻９号2428頁参照）。

　前記（３）ア説示のとおり、現在の社会一般の受け取り方を基準とした場合、手錠等を施された被告人の姿は、罪人、有罪であるとの印象を与えるおそれがないとはいえないもので

あって、手錠等を施されること自体、通常人の感覚として極めて不名誉なものと感じること
は、十分に理解されるところである。また、上記のような手錠等についての社会一般の受け
取り方を基準とした場合、手錠等を施された姿を公衆の前にさらされた者は、自尊心を著し
く傷つけられ、耐え難い屈辱感と精神的苦痛を受けることになることも想像に難くない。こ
れらのことに加えて確定判決を経ていない被告人は無罪の推定を受ける地位にあることをに
もかんがみると、個人の尊厳と人格価値の尊重を宣言し、個人の容貌等に関する人格的利益
を保障している憲法13条の趣旨に照らし、身柄拘束を受けている被告人は、上記のとおり
みだりに容ぼうや姿態を撮影されない権利を有しているというにとどまらず、手錠等を施さ
れた姿をみだりに公衆にさらされないとの正当な利益ないし期待を有しており、かかる利益
ないし期待についても人格的利益として法的な保護に値するものと解することが相当であ
る。前記前提事実記載の大阪拘置所捕縄、手錠及び拘束衣使用規則第４条（４）において、「被
収容者を護送する場合において、外来患者等がいる病院の通路その他の多数の部外者がいる
場所を歩行させるときは、タオルや上着等で手錠本体を覆い、捕縄を上衣の下に使用するな
どの方法により、できる限り、部外者に捕縄又は手錠が一見して明らかとならないような措
置を講ずること」とされているのも、上記と同様の趣旨に基づくものであり、手錠等を施さ
れる被拘束者の心情に配慮したものと解される。

　そして、公判手続が行われる法廷は、憲法上の要請に基づいて公開された場所であり（憲
法82条１項）、不特定多数の一般公衆が傍聴可能な場であるところ、このような公開法廷と
一般公衆の目にさらされ得る他の場所とを区別する合理的な理由も見出し難いことからすれ
ば、法廷において傍聴人に手錠等を施された姿を見られたくないとの被告人の利益ないし期
待についても法的な保護に値するものというべきである。なお、開廷後審理中の公判廷にお
いては、刑訴法287条１項に基づき、通常、被告人の身体拘束は解かれることから、傍聴人
が手錠等を付された被告人の姿を見ることができるのは、入廷時から開廷までの間、及び閉
廷時から退廷までの間のわずかな時間に限られるが、このことをもって上記した被告人の利
益ないし期待が法的に無視し得るものということはできない。

　そうすると、裁判長は、勾留中の被告人を公判期日に出廷させる際には、法廷において傍
聴人に手錠等を施された姿を見られたくないとの被告人の利益ないし期待を尊重した法廷警
察権の行使をすることが要請され、被告人の身柄確保の責任を負う刑事施設の意向も踏まえ
つつ、可能な限り傍聴人に被告人の手錠等の施された姿がさらされないような方法をとるこ
とが求められているというべきである。

ウ　公判期日が開かれる法廷への入退廷に際して、手錠等を施された被告人の姿を傍聴人の
目に触れさせないようにするための具体的な方法について検討すると、現在の我が国の裁判
所における法廷施設の状況を前提とするならば、①法廷の被告人出入口の扉のすぐ外で手錠
等の着脱を行うこととし、手錠等を施さない状態で被告人を入退廷させる方法、②法廷内に
おいて被告人出入口の扉付近に衝立等による遮へい措置を行い、その中で手錠等の着脱を行
う方法、③法廷内で手錠等を解いた後に傍聴人を入廷させ、傍聴人を退廷させた後に手錠等

を施す方法が考えられる。

　前記最高裁刑事局長等書簡及び法務省矯正局長通知によれば、平成5年頃、特定の地方裁判所において、被告人側から手錠姿が傍聴人の目に触れないようにしてもらいたい旨の要請があり、これに応じて、裁判所が、開廷時に、入廷していた傍聴人をいったん退廷させた上、被告人を入廷させて手錠等を外させ、その後に傍聴人を再度入廷させ、また、閉廷時には、傍聴人を退廷させた後に戒具を施させるという措置を執った事例があり、これを契機として最高裁判所事務総局刑事局は、手錠等を施された姿を傍聴人にさらしたくないという被告人の心情に配慮した運用について検討を行い、法務省矯正局に対し、裁判官が被告人より先に入廷し、又は後に退廷することを前提に、被告人の入廷直前又は退廷直後に法廷の出入口の所で解錠し、又は施錠させるという運用を一般化することについて打診したこと、遅くとも平成5年7月19日までに最高裁判所事務総局刑事局と法務省矯正局との間において、戒具を施された姿を傍聴人の目に触れさせないようにするための方策について協議がされ、特に戒具を施された被告人の姿を傍聴人の目に触れさせることは避けるべきであるという事情が認められる場合の運用として、開廷前は裁判官、被告人、傍聴人の順序又は被告人、裁判官、傍聴人という順序で入廷し、閉廷後は傍聴人、被告人、裁判官という順序で退廷することとし、傍聴人のいない所で解錠し、又は施錠させるという運用を原則とし（上記③の方法）、これによることができない特段の事情がある場合にはあらかじめ拘置所と相談の上、所定の条件に沿って被告人の入廷直前又は退廷直後に法廷の出入口の所で解錠し、又は施錠させるという方法（上記①の方法）その他適切な方法を執ることが相当である旨の協議が整い、この運用についての考え方については、最高裁刑事局長等書簡及び法務省矯正局長通知によって全国の裁判所及び刑事施設に周知されたことが認められる。さらに、証拠（甲64）及び弁論の全趣旨によれば、当庁あるいは当庁以外の裁判所においても、弁護人の要望等を踏まえて、上記した①又は③の方法による運用がされた例が複数存在することがうかがわれる。これらの事実によれば、裁判長の法廷警察権の行使の在り方として、身柄を拘束された被告人を公判期日に出廷させるに際し、事案に応じて、手錠等を施された姿を傍聴人の目に触れさせないようにするための配慮を行うことは現実的に可能であると認められる。

　エ　被告は、前記①ないし③の方法によったのでは、逃走のおそれ等を十分に払拭することができず、戒護の目的を達成できなくなる旨やそのような方法による場合、逃走防止を確実とするため戒護職員の増員が必要となり、ひいては人的、物的設備の限界から刑事施設における規律又は秩序維持に影響を及ぼすといった弊害が生じる旨主張し、これに沿う証拠として、平成21年以降、被告人が法廷内で逃走を図った事例が少なくとも3件、暴行等に及んだ事例が少なくとも7件存在し、前記①の手段を執った場合には、法廷に至る通路や法廷内の警備を増強する必要があり、護送ないし戒護を担当する職員を増員する必要があること、大阪拘置所管内拘置支所において逃走事案が発生したことから、同拘置支所においては出廷戒護に当たる職員を増員して対応しているところ、このような運用が継続している結果、施設の管理運営もままならない状態となっていることを内容とする大阪拘置所統括矯正処遇官

【資料3】大阪地裁 2019 年判決（全文）　　193

（第一担当）作成に係る報告書（乙4ないし7）を提出する。

　しかしながら、上記報告書に記載された逃走事案の存在は、手錠等を施されていない被告人が法廷内で逃走等を図る可能性があることを示すにとどまり、前記①ないし③の手段によった場合について、そのような手段を執らなかった場合と比較して被告人の逃走等の可能性が高まることを直ちに根拠づけるものということはできない。また、刑事施設ないし裁判所における人的、物的態勢の整備の限界をもって憲法上尊重されるべき被告人の人格的利益を損なう結果を正当化する根拠とすることには疑問が残るというべきである。さらに、傍聴人の目に手錠等を施された姿を触れさせないようにするための手法としては前記①ないし③のとおり複数の方法が考えられ、具体的な法廷の構造や警備の状況を踏まえた措置を執ることも可能であると解される。これらのことからすれば、被告の主張する弊害があるからといって、傍聴人の目に手錠等を施された被告人の姿をさらすような運用が直ちに正当化できるものではないと解される。したがって、上記の被告の主張は採用の限りでない。

オ　以上のとおりであって、手錠等を施された姿を傍聴人に見られたくないとの被告人の利益ないし期待は、憲法13条の趣旨に照らして法的保護に値する人格的利益であって、裁判長が法廷警察権を行使するに当たっては可能な限り尊重されるべきであること、具体的な方法として、①法廷の被告人出入口の扉のすぐ外で手錠等の着脱を行うこととし、手錠等を施さない状態で被告人を入退廷させる方法、②法廷内において被告人出入口の扉付近に衝立等による遮へい措置を行い、その中で手錠等の着脱を行う方法、③法廷内で手錠等を解いた後に傍聴人を入廷させ、傍聴人を退廷させた後に手錠等を施す方法が考えられ、いずれかの方法を選択することにより適切な措置を講じることは可能であると認められることに加え、既に平成5年には最高裁判所事務総局刑事局と法務省矯正局との間において、戒具を施された姿を傍聴人の目に触れさせないようにするための方策について協議がされ、特に戒具を施された被告人の姿を傍聴人の目に触れさせることは避けるべきであるという事情が認められる場合の具体的な運用について協議が整い、最高裁刑事局長等書簡及び法務省矯正局長通知によって全国の裁判所及び矯正施設に周知されていたことにも照らすならば、少なくとも、本件刑事事件1及び2の公判期日が開かれた時点においては、法廷警察権を行使すべき立場にある裁判長は、被告人又は弁護人から手錠等を施された被告人の姿を傍聴人の目に触れさせないようにしてほしい旨の要請があった場合には、かかる被告人の要望に配慮し、身柄拘束についての責任を負う刑事施設と意見交換を行うなどして、手錠等の解錠及び施錠のタイミングや施錠及び解錠の場所をどうするかという点に関する判断を行うのに必要な情報を収集し、その結果を踏まえて弁護人と協議を行うなどして具体的な方法について検討し、具体的な手錠等解錠及び施錠のタイミングや場所について判断し、刑務官等に対して指示することが相当であったというべきである。

カ　以上を前提に、本件裁判官らの執った措置が国賠法1条1項の適用上、違法との評価を受けるものであったか否かにつき検討する。

　前記のとおり、法廷警察権は、迅速かつ適正な裁判の実現という憲法上の要請を踏まえ、

裁判所の職務の執行を妨げ、又は不当な行状をする者に対して、法廷の秩序を維持するための相当な処分をする権限である。そして、裁判所の職務の執行を妨げたり、法廷の秩序を乱したりする行為は、裁判の各場面においてさまざまな形で現れ得るものであって、法廷警察権は、その各場面において、その都度、これに即応して適切に行使されなければならないことにかんがみれば、その行使は、当該法廷の状況等を最も的確に把握しうる立場にあり、かつ訴訟の進行に全責任をもつ裁判長の広範な裁量に委ねられて然るべきものというべきであるから、その行使の要否、執るべき措置についての裁判長の判断は、最大限に尊重されなければならない。したがって、法廷警察権に基づく裁判長の措置は、それが法廷警察権の目的、範囲を著しく逸脱し、又はその方法が甚だしく不当であるなどの特段の事情のない限り、国賠法1条1項の適用上、違法の評価を受けないものと解される（最高裁昭和63年（オ）第436号平成元年3月8日大法廷判決・民集43巻2号89頁参照）。

　本件においては、各公判期日に先立ち、又は各公判期日において、原告らの弁護人から本件裁判官らに対し、それぞれ手錠等を施された被告人の姿を入退廷に際して裁判官や傍聴人から見られないようにする措置を講じられたい旨の申入れがあった。そうであれば、本件裁判官らは、刑事施設と意見交換を行うなどして、手錠等を解錠又は施錠するタイミングや場所をどうするかという点に関する判断を行うのに必要な情報を収集し、その結果を踏まえて弁護人と協議を行うなどして、具体的な方法について検討し、刑務官等に対して指示をすべきであった。しかしながら本件裁判官らが上記のような意見交換、協議及び検討を経た上で弁護人らの申入れに対する判断を行ったことを認めるに足りる証拠はなく、特に本件刑事事件1については、判決宣告期日を含む4回にわたる公判期日のいずれについても、弁護人から手錠等を施された被告人の姿を入退廷に際して裁判官や傍聴人から見られないようにする措置を講じられたい旨の申入書が提出され、各公判期日においても、弁護人から同旨の申立てがされたにもかかわらず、担当裁判官は、いずれの申立てについても、具体的な方法について弁護人と協議をすることもなく、また理由も示さないまま特段の措置をとらない旨の判断をし、手錠等を施された状態のまま原告P1を入廷させ、また手錠等を使用させた後に退廷させたものである。これらのことからすると、本件裁判官らの執った措置は被告人の正当な利益に対する配慮を欠くものであったというほかなく、相当なものではなかったといわざるを得ない。

　しかしながら、前記の最高裁刑事局長等書簡においても法廷内において傍聴人の目に触れる形で手錠等の解錠又は施錠を行う運用そのものを否定する考え方が示されているわけではなく、逃亡又は自傷他害のおそれが具体的に存在するなど、個別的に認められる事情いかんによっては、入廷後から開廷まで及び閉廷後から退廷までのわずかな時間であっても、被告人に手錠等を施しておくことが必要な場合もあり得ること、本件刑事事件1及び2の各公判期日が開かれた当時及び現在においても、被告人を入廷させた後、開廷後に法廷内で手錠等を解き、閉廷後に法廷内で手錠等を施して退廷させるという措置が、被告人の逃走等を確実に防止するという観点から多くの裁判所において行われていること、本件裁判官らが被告人

【資料3】大阪地裁 2019 年判決（全文）　　195

の逃走を確実に防止するという以外の意図をもって手錠等を施された状態で原告らを入退廷させたことをうかがわせる事情も認められないことにも照らすならば、本件裁判官らが執った措置が、法廷警察権の目的、範囲を著しく逸脱し、又はその方法が甚だしく不当であるなどの特段の事情があるとまで認めることはできない。

　したがって、本件裁判官らの執った措置により、手錠等を施された原告らの姿が法廷内の傍聴人の目に触れる結果となったとしても、本件裁判官らの執った措置が、国賠法1条1項の適用上違法と評価することはできない。

（5）以上によれば、争点1に関する原告らの主張には理由がない。

4　争点2（本件刑務官らが公判期日における入退廷時に原告らに対して手錠等を使用したことが違法であるか否か。）及び争点3（首席矯正処遇官が本件指示を発出したことが違法であるか否か。）に対する判断

（1）公判廷に到着後も手錠等を使用することは「護送する場合」に当たらないとの主張について

ア　原告らは、本件刑務官らが各公判期日において原告らを入退廷させる際に法廷内において手錠等を使用した行為について、そもそも、刑務官が手錠等を使用することができる場合について定める刑事収容施設法78条1項は、手錠等を使用できる場合について「護送する場合」と定めているところ、護送とはその語義に照らして目的地である場所に到着するまでの間をいうことから、法廷という目的地に到着した以上は「護送する場合」には該当せず、本件刑務官らによる法廷内における手錠等の使用は、そもそも根拠を欠くものであって違法である旨主張する。

　しかしながら、同項が、被収容者を護送する場合において、刑務官に手錠等の使用ができるものとしている趣旨は、被収容者が刑事施設の外にいる場合には、刑事施設内にいるときに比べて戒護力が弱くなることから、被収容者の逃走を未然に防止し、刑事施設の規律及び秩序を維持するため、戒護権の一環として刑務官において手錠等の使用ができるものとしている趣旨と解される。したがって、刑務官は、刑事施設に収容されている被告人を公判廷に出廷させる場合であっても、刑事施設の外に被告人がいる期間は、移動中か否かにかかわらず、また、その場所が法廷であるかどうかにかかわらず、同項にいう「護送する場合」に該当するものとして、被告人に対して手錠等を使用することができる場合に当たるものと解するのが相当である。したがって、本件において、原告らが、各公判期日に際して、法廷に到着した後に、本件刑務官らによって手錠等を施された状態にあったとしても、そのことのみをもって本件刑務官らの行為が根拠を欠くものということはできず、上記の原告らの主張は採用の限りではない。

イ　同項の文言及び前記アで説示した同項の趣旨に照らすならば、被収容者を護送する場合の具体的な手錠等の使用に関しては、法務省令の定めその他の法令に従うことのほかは、刑事施設及び被収容者の処遇について責任を負う刑務官の専門的知識及び経験等に基づく合理的な裁量に委ねられているものと解される。

したがって、刑務官が、被収容者を護送する場合に、当該被収容者に対して手錠等を使用した場合において、その行為が違法となるのは、法令等の定めに違反した場合を別とすれば、個別具体的な事情のもとにおいて、当該刑務官の手錠等の使用に関する判断が、刑務官に与えられた裁量権の範囲を逸脱し、又はこれを濫用するものと認められる場合に限られると解するのが相当である。

（２）手錠と捕縄を同時に使用したことが刑事収容施設法78条１項に反するとの主張について

ア　原告らは、同項は、捕縄「又は」手錠、すなわち、捕縄か手錠のいずれか一方の使用のみを認めた規定であるから、本件刑務官が、原告らに対して捕縄と手錠の両方を使用したことは違法である旨主張する。

イ「又は」との文言は、一般に、選択的にある事柄につき、どれか一つを選ぶ際に用いられる接続詞であるが、選択されない一方を必ずしも排除する意味ではなく、少なくとも一つが成り立つとの意味で用いられる場合もあると解され、「又は」との文言を原告らが主張するように解さなければならない必然性はない。このことに加え、前記のとおり、同項が、被収容者を護送する場合において、刑務官に手錠等の使用ができるものとしている趣旨は、被収容者が刑事施設の外にいる場合には、刑事施設内にいるときに比べて戒護力が弱くなることから、被収容者の逃走を未然に防止し、刑事施設の規律及び秩序を維持するため、戒護権の一環として刑務官において手錠等の使用ができるものとしたと解されるところ、捕縄と手錠は、その拘束部位が異なり、同一の被収容者に対して物理的に併用が可能であるだけでなく、それらの併用をもって逃亡の危険をより低減させることができ、戒護の目的を十分に達成できる場合もあると考えられる。そうすると、同項の趣旨に照らしても、同項が捕縄と手錠のいずれか一方のみの使用を認めた規定であると解することは相当ではない。

　したがって、本件刑務官らが、原告らに対し、手錠と捕縄の両方を用いたことが同項に違反するものであったということはできず、上記の原告らの主張もまた採用することはできないというべきである。

（３）本件刑務官らの執った措置が裁量権の逸脱濫用に当たると主張について

ア　原告らは、法廷内では、手錠等の使用に関する権限を含む刑務官の戒護権と法廷を主宰する裁判官の法廷警察権ないし訴訟指揮権は併存しており、裁判官が刑務官に対して手錠等の開錠、施錠の時期等につき何らの意向を示していない場合であっても、刑務官は自らの裁量で、手錠等の使用の許否を判断できるにもかかわらず、本件刑務官らが、原告らの入退廷に際して手錠等を使用したことは、刑務官に与えられた裁量権の範囲を逸脱し、又はこれを濫用するものと認められる場合に当たる旨主張する。

イ　前記（１）に説示したとおり、刑事施設に収容されている被告人を公判廷に出廷させる場合であっても、刑事施設の外に被告人がいる期間は、移動中か否かにかかわらず、また、その場所が法廷であるかどうかにかかわらず、刑事施設収容法78条１項にいう「護送する場合」に該当するものとして、刑務官は被告人に対して手錠等を使用することができるもの

【資料３】大阪地裁 2019 年判決（全文）　197

の、前記3（4）において説示したとおり、憲法13条の趣旨に照らし、身柄拘束を受けている被告人は、上記のとおりみだりに容ぼうや姿態を撮影されない権利を有しているというにとどまらず、手錠等を施された姿をみだりに公衆にさらされないとの正当な利益ないし期待を有しており、かかる利益ないし期待についても人格的利益として法的な保護に値すると解されるところであるから、護送に当たる刑務官においても、このような被告人の利益に十分に配慮した権限行使が求められることはいうまでもない。

　しかしながら、前記3（1）に説示したとおり、被告人に施された手錠等を開廷前のどのタイミングにおいてどのような状況下で外し、閉廷後のどのタイミングにおいてどのような状況下で使用するかは、裁判長の法廷警察権の行使と独立に刑務官の戒護権の行使を検討しなければならないような特殊な場合でない限り、基本的には裁判長の法廷警察権の行使の在り方の問題と整理するのが相当であるところ、原告らの入退廷に際し、本件刑務官らが、本件裁判官から指示があるまでの間原告らに施された手錠等を外さず、及び閉廷後直ちに原告らに手錠等を使用し、その結果手錠等を施された姿が傍聴人の目に触れることとなったとしても、それは弁護人からの申入れに対して特段の措置を講じない旨の本件裁判官らの法廷警察権の行使に従った結果というべきであるから、本件刑務官らにおいて、裁量権の逸脱ないし濫用の問題は生じる余地がないというべきである。

ウ　したがって、この点に関する原告らの主張を採用することはできない。

（4）首席矯正処遇官が本件指示を発出したことが違法であるとの主張について

　原告らは、本件指示は、出廷に際して、開廷と同時に手錠等を解き、また閉廷が宣せられると同時に手錠等を使用することを定めているところ、本件指示の上記の定めは、被告人が「公判廷」という場所に入廷しているにもかかわらず、手錠等の使用を認めている点で、「公判廷」における身体拘束を禁止する刑訴法287条1項に反する定めである旨主張する。しかしながら、刑訴法287条1項の「公判廷」を原告らが主張するように解すべきものでないことは、前記3（2）説示のとおりであり、この点に関する原告らの主張も採用することはできない。

（5）小括

　以上のとおりであって、争点2及び争点3に関する原告らの主張にも理由がない。

第4　結論

　以上のとおりであるから、原告らの請求はいずれも理由がないからこれを棄却することとし、訴訟費用の負担につき民訴法61条を適用して、主文のとおり判決する。

大阪地方裁判所第3民事部

裁判長裁判官　　大須賀寛之　　裁判官　　村尾和泰

裁判官中村公大は転補のため署名押印することができない。

裁判長裁判官　　大須賀寛之

【資料4】

手錠腰縄問題に関する新聞報道

A　京都地裁・白井万久裁判官の訴訟指揮関連

①　京都新聞1992（平成4）年9月25日

「手錠 人前では屈辱」

傍聴人を一時退廷させる

被告要求に配慮？

京都地裁

恐喝罪に問われ、京都地裁で審理中の男性被告が「法廷に出入りする際、手錠や腰縄で拘束される姿を傍聴人に見られるのは、屈辱的で人権侵害だ」と申し立てていた問題で、同地裁の白井万久裁判官は、二十四日開いた同事件の公判で、被告人の入・出廷時に傍聴人を法廷から退廷させ、拘束姿を見せない措置をとった。被告人の人権に配慮した訴訟指揮となったが、法務省は「同様の措置は、これまで聞いたことがない」といい、今後の刑事裁判のあり方に影響を与えそうだ。

被告人は、京都市内の医療器販売会社経営者という。今年五月、恐喝などの疑いで逮捕、起訴された。投獄時には同罪の公判で黙秘を主張している。

被告人の拘束については「逮捕などの恐れがあり、拘束は拘置所以外にあるときは拘束できる（監獄法）」との規定があり、公判廷でも、被告人の身柄を拘束している。

「各拘置所の運用に任せている」（法務省矯正局）によると、「これに対し、同被告らは今月八日、京都地裁に「手錠をつけた姿の人・出廷は、神的な刑罰の、憲法や国際人権規約にも違反している」と申し立てた。同被告の弁護人も刑事訴訟法の「市中引廻し」であり、被告人に自由な状態で審判に臨むべきだとの見地で、公判廷に...

▽逃走などの恐れがあり、拘束は必要ではあるが、公衆の面前に触れさせる必要はまったくない。「公判廷」とは裁判官の退廷後との解釈から、被告は拘束されたまま入廷し、開廷前には拘束を解かれている。

▽「各術所の運用に任せている」「公判廷」とは裁判官の退廷後との解釈であるが、「公判廷」とは裁判所法、刑事訴訟法の規定があり、法務省矯正局によると「これに対し...

—————

あたり前のこと

一般化望ましい

佐伯千仭立命館大名誉教授（刑法）の話 通常などを防ぐために、被告人の身体の拘束は必要ではあるが、公衆の面前に人権を大切にするかといったような法律解釈するかが問題で、いわばあたり前のこと。今後、一般化するのが望ましい。

—————

傍聴人を退廷させ、手錠や腰縄で拘束された被告を見せないようにした。これについて、白井裁判官は「恐喝の罪に問われている被告を見下す先入見は差し控えたい」といい、畑祥天同地裁所長は「恐喝の訴訟指揮権のことでありコメントで

きない」としている。

同弁護人は「司法修習時代、法廷内で拘束姿を見てショックを受けたが、いつの間にか、あたり前の感覚になっていた。被告人の申し立てで、改めてその道理だと思った」と話している。

② 朝日新聞1992（平成4）年9月25日

被告入退廷時、傍聴人を退出

手錠姿さらしません

京都地裁 人権配慮し特例

B 法廷での手錠腰縄を問題する記事

③ 朝日新聞2016（平成28）年9月29日

法廷の手錠 どう配慮？

＝警察官向けの研修で示された手錠・腰縄姿　◎法務省提供

法廷で手錠・腰縄姿を見られるのは苦痛として、刑事裁判の被告人が国に賠償を求めるケースが起きている。逃走などを防ぐための処置だが、開廷中は外さなければならない。法廷で定められている。市民が参加する裁判員裁判するでは、先入観を持たないように手錠・腰縄姿を見せない運用もしている。入廷時の取り扱いについて、司法の場で議論が広がりつつある。

手錠・腰縄の運用

主に刑務官が従うべきことを記した刑事収容施設法は、被告人を法廷に護送する時に逃げたり暴れたりする恐れがある場合、裁量で「縄か手錠を使うことができる」と定めている。一方で刑事訴訟法は

「公判廷では被告人を拘束してはならない」と定めており、少なくとも開廷中は外さなければならない。法廷から被告人が逃走する事件も起きている。今年9月には神戸地裁姫路支部で被告人が閉廷閉廷に傍聴席を通って逃げ出し、単純逃走容疑で現行犯逮捕された。

改善求め弁護士会議論

大阪の「出廷拒否」を受け、大阪弁護士会は今年1月に「法廷内の手錠・腰縄姿を侵害するのか？」と題したシンポジウムを開催。韓国では入廷前に刑務官がタオルや布で手錠を覆うマフラーランドは原則拘束しないといった海外事例を紹介した。

8月末には「手錠腰縄に関する協議会」を設立。調査や議論などをさらに深め、裁判所や法務省などに改善を申し入れる方針だ。

識者「ついたて活用を」

近畿大法学部の辻本典央教授（刑事訴訟法）は「手錠・腰縄姿をさらされる人としての尊厳を著しく傷つける行為で、推定無罪の原則に反するものだ。警察上の不安で事件の解決ができないなら、証人尋問の時のついたてのような形で遮断する必要がある」と指摘。複眼の持つ影響を持って真剣に考えるべき。司法は最後に関に実用性を持ち、裁判官が判断するものだ」とコメントした。

「裁判前から罪人」被告が提訴

裁判員には見せない運用

「裁判が始まる前から罪人という印象を与える」と求めたが、「裁判官は職業裁判官であり、有罪の偏見を抱くことはない」などと退けられた。そのため「必要以上の威嚇的な扱いだった」と訴える原告側被

告ら43は「裁判官に犯人と思われてしまう」と入廷前の解錠を要請、拒まれると、2014年2月から09年に始まった裁判員裁判では、最高裁と法務省の結果、「被告人が犯人という予断を与えない」という理由で、裁判官が入廷前に法廷外から法廷内の刑務官に指示をかけて解錠させ、開廷後に先に入廷して解錠させたりする。

（岡田玄介）

法廷で手錠「人権侵害」

大阪弁護士会がアンケート「無罪推定反する」改善求め

法廷で刑事裁判の被告人に手錠・腰縄を付けるのは「人権侵害」だとして、大阪弁護士会が裁判の傍聴者らを対象に、手錠・腰縄姿を見た印象を尋ねる全国初のアンケートを始めた。手錠・腰縄は逃走を防ぐためだが、弁護士会は「裁判官や傍聴者に『犯罪者』との印象を抱かせ、無罪推定の原則に反する」と指摘。調査を踏まえ、裁判所などに改善を求めていく計画だ。

【原田啓之】

日本弁護士連合会の要望を受け、法務省と最高裁が原則、被告人を先に入廷させて手錠と腰縄を外した後に裁判員らが入る運用を決めたが、傍聴者が手錠・腰縄姿を見ることに変わりはない。ただ、こうした運用に被告が「見せしめだ」などと反発するケースが出てきた。大阪地裁では14〜16年、傷害罪などで無罪を主張する被告が「手錠・腰縄姿で入廷させるのは人権侵害」などとして出廷を拒否。本人不在で有罪判決を受けた。京都地裁でも「市中引き回しのようだ」と反発した被告が国に賠償を求めて提訴した。

PTは今年4月から裁判傍聴のイベントなどを通じ、傍聴者へのアンケートを実施。被告や弁護人にも手錠・腰縄姿を見られる気持ちを尋ねる。結果は12月に近畿弁護士会連合会のシンポジウムで報告する予定。

法務省は「運用を改める予定はない」、最高裁は「コメントできない」としている。

手錠・腰縄姿で入廷させるのは人権侵害ージーランドでは法廷で拘束具を使わない――などの運用をしているPTの西川満喜弁護士は「手錠・腰縄姿は囚人を連想させ、被告の自尊心を傷つけ、裁判官の判断にも影響していれば問題だ」と話す。

一方、神戸地裁姫路支部では昨年9月、窃盗事件の公判中に被告が逃走し約20分後に逮捕される事件が発生。大阪弁護士会は昨年8月、手錠・腰縄問題のプロジェクトチーム（PT）を設置。海外の例などを調べると、韓国では入廷前に拘束具を外す▽フィリピンでは法廷での手錠・腰縄は禁止――などの違いがあるが、入廷中の身体拘束は公判廷でも続く。刑事訴訟法は公判中の身体拘束容疑施設法に基づき、被告の両手に手錠をはめ、腰に付けた縄を刑務官などが持って裁判所と拘置所などの間を護送する。刑務官が開廷を宣告してから閉廷を宣告するまでは外されるが、入廷中の際は手錠・腰縄姿のままだ。

手錠・腰縄は刑事収容施設法に基づき、被告の両手に手錠をはめ、腰に付けた縄を刑務官などが持って裁判所と拘置所などの間を護送する。

2009年から始まった裁判員裁判では、

法廷での手錠、腰縄のイメージ
被告 / 刑務官 / 裁判長 / 手錠 / 腰縄 / 傍聴席
イラスト・かみじょうりえ

◆被告の手錠・腰縄姿が問題になった例◆

▽1992年に被告が治療で訪れた大阪府内の病院で手錠・腰縄姿で歩かされ、精神的苦痛を受けたとして提訴。国に賠償を命じた判決が最高裁で確定。

▽93年、奈良県内の拘置支所から約200㍍離れた地裁支部まで、被告が手錠・腰縄姿で歩かされたことが発覚、拘置支所は「人権に配慮を欠いた」と認めた。

▽2014〜16年、被告が「手錠・腰縄姿で入廷させるのは人権侵害」として大阪地裁への出廷を拒否。

▽16年、被告が手錠・腰縄姿は「市中引き回しに等しい」として国に慰謝料を求め、京都地裁に提訴。

⑤　毎日新聞2017（平成29）年7月15日

法廷内手錠 広がる配慮

国賠訴訟契機 ついたて設置　ルール作りの動きも

法廷で被告の手錠・腰縄姿が傍聴席から見えないようにした一例

刑事裁判の法廷で、被告に付けられた手錠と腰縄が傍聴席から見えないように裁判所が配慮する例が増えている。手錠・腰縄姿で裁判に入った元被告が国家賠償を求めた訴訟で、被告への配慮に言及した大阪地裁判決（5月）が影響したとみられる。各地の弁護士会は「推定無罪の原則に沿った対応だ」と評価し、統一的なルール作りに向けた動きも出始めた。【村松洋】

12日に大阪地裁であった、覚せい剤取締法違反事件の判決公判。法廷に入ってきた女性被告（20代）は入り口に立たされた。弁護人がついたての陰に立ち、傍聴人から見えない状態で刑務官が手錠と腰縄を外した。

ついたての陰で手錠を外された女性被告が、傍聴人から見えない状態になってから着席。弁護人が配慮を申し入れ、裁判官が応じた。女性側はこの日、執行猶予付きの有罪判決を受けた。

公判前に拘置所で毎日新聞の取材に応じ、「傍聴に来る親に手錠姿を見られたくない。恥ずかしい思いをせず、ありがたい」と話していた。

担当した川崎真陽弁護士は「手錠や腰縄を付けられた姿を見られないよう求める例は従来もあったが、応じる裁判官は極めて少なかった。

5月の大阪地裁判決は、手錠・腰縄姿で入廷させられた精神的苦痛を受けたとする元被告の男性が国への賠償請求を棄却。一方、傍聴人に見られたくないとの被告の利益は「個人の尊重を定めた憲法13条に照らして尊重に値する」と指摘、弁護人からの要請しなかった当時の裁判官を批判した。

大阪地裁では2014年、傷害罪などに問われ

被告側が手錠・腰縄姿の男性被告が、手錠・腰縄姿での入廷は人権侵害だったと主張して、5回にわたり出廷を拒否。同裁判長が「被告は犯人扱いされている」と感じた。

刑事収容施設法では、被告が逃走する恐れがある場合などに手錠・腰縄の使用を認めている。一方、刑事訴訟法は「開廷中の拘束」を禁止。市民が参加する裁判員裁判での配慮を求める要請文を作り、利用を勧めている日弁連にも、昨年11月にPTができた。

近畿弁護士会連合会はアンケートを公表。被告や傍聴人への配慮を求める

の8割は手錠・腰縄姿を傍聴人に見られて恥ずかしく感じ、傍聴人の2割が「被告は犯人扱いされている」と感じていた。

近畿大の北村典生教授（刑事訴訟法）は「大阪地裁判決は、傍聴人の入廷前に解錠するなど、ついたて等で被告の姿を隠したりしながら逃亡の危険も増えない方式を具体的に示している。見えなくする方法を議論し、ルール化すべきだ」と話す。【村松洋】

が増えたという。殺人などの罪に問われた歯科医の男性被告（83）に対する静岡地裁浜松支部での裁判員裁判でも、6月の公判から、傍聴人の入廷前に手錠を外すようにしている。大津地裁でも、6月にあった恐喝未遂などの罪に問われた被告らの公判で、被告の入退廷時に配慮する方針だ。

裁判員裁判の被告人らに配慮を求めた太田健義弁護士らは「裁判所は人権に配慮する場所なので」と説明したという。宮崎県弁護士会は、所属する弁護士会が行った要請の結果を9月以降にまとめる。裁判官が応じた例を集め、運用ルールを作れないか裁判所などと協議する方針だ。

⑥ 朝日新聞2017（平成29）年12月2日

入廷時の手錠・腰縄「使わないで」決議

近畿弁護士会連合会が採択

法廷での手錠・腰縄姿は被告の尊厳を傷つけ、推定無罪の原則に反するとして、近畿6府県の弁護士会でつくる近畿弁護士会連合会が1日、裁判所や警察などに使用しないよう求める決議を採択した。法務省などにも要請する考え。近弁連の担当者は「こうした決議を弁護士会がしたのは初めてではないか」と話している。

刑事裁判では勾留中の被告は手錠や腰縄をつけた姿で入廷し、裁判官の指示で入廷前に解錠される。裁判員裁判では「被告が犯人」との予断を与えないよう、裁判員が入廷する前に手錠・腰縄を使わないよう加盟国に要請している。

近弁連は、刑事裁判を受けた被告と被疑者計26人にアンケートした。入廷時に手錠・腰縄を傍聴人に見られ「恥ずかしかった」が80％で、61％が「見られたくなかった」と答えた。裁判官に見られ「罪人と思われていると感じた」は64％、「公平に審理してくれるか不安に感じた」は32％だった。

裁判を傍聴した304人にも尋ねたところ、手錠・腰縄について「逃亡の恐れがある以上、やむを得ない」が11％、「逃亡のおそれがない限り入廷前に解錠すべきだ」が28％、「工夫すれば（解錠しても）逃亡のおそれをなくせる」が57％だった。韓国では、被告は入廷前に解錠される。欧州連合（EU）の欧州議会も、法廷や公衆の面前で身体拘束具を使わないよう加盟国に要請している。（大貫聡子）

外しているが、裁判官や傍聴人には見える運用がされてきた。

204

⑦ 朝日新聞2019（令和元）年9月2日

手錠・腰縄 さらさぬ配慮
入廷時についたて 裁判所で広がる

手錠・腰縄をつけられた被告が、傍聴人の見守る中で入廷する――。そんな刑事裁判での「常識」が変わるかもしれない。「手錠・腰縄姿を法廷で見せることは、法的保護に値する」と判じた今年6月の大津地裁判決。各地の法廷で被告に配慮した措置が広がりつつある。

「裁判が決めたことは、以降の審理では最初から出廷してください」。6月4日、静岡地裁松崎支部。殺人未遂の罪に問われた男性被告の裁判員裁判で冒頭手続きに臨んだ山田耕史弁護士は、裁判長に要望した。刑事訴訟法が公判廷での被告の身体拘束を禁じる規定を引き合いに「傍聴人の目に見せないようにしてほしい」と。

被告は、「全てにおいて運が悪かった」と話していた男性。弁護人に申し出ていたのは、この日の審理では傍聴席から見られるのは嫌だった、ということだった。あらかじめ手錠・腰縄を外し、入り口付近に衝立を設けるよう山田弁護士がこの場で求めた。

被告は「全ておいて運が悪かった」と話していた男性。弁護人に申し出ていたのは、この日の審理では傍聴席から見られるのは嫌だった、ということだった。

大阪弁護士会が所有する海外製の手錠のレプリカと、腰縄を結したロープを着用した様子。がっちり結まって身動きは取りづらい

「被告の利益保護」判決契機

なぜこうした措置が相次いでいるのか。影響を与えたとみられるのが、6月来日にあった大津地裁の判決だ。

この裁判では、詐欺罪などに問われた女性被告の弁護士が、傍聴人から手錠・腰縄姿を見られない「人格的利益」があるとして、この措置をとらない国に損害賠償を求めた。判決は「傍聴人の目にさらされない利益は、法的保護に値する」と初めて認定。「裁判官が違法な状態を放置した」などと違法性を認めた上で、原告の請求は棄却した。

大阪地裁がこうした弁護士の申し入れに応じ始めたのは5月末から。手錠・腰縄姿について「法的な保護に値する」とする初めての司法判断が示された際、この判決文を添付して弁護士が申し入れると、裁判官も「昨日までは、裁判長がよいと言えばどうにでもするというのが慣例」として、ついたてを設置するなどの措置を認めるようになった。

法廷の常識「変える」
動く各地の弁護士会

大阪地裁の新方針は、大阪弁護士会が手錠・腰縄の問題に取り組んできた弁護士と地裁の判断に支えられ、弁護士会も法廷内でも身体拘束を引き起こす同様の動きを強化している。

大阪弁護士会は2017年「法廷内手錠腰縄問題に関するプロジェクトチーム（PT）」を立ち上げ、裁判所への申し入れに取り組んできた。PTメンバー、川ア祥弘弁護士は「刑事裁判の常識を変えた」と意気込む。

宮崎県弁護士会は7月から5カ月間、所属弁護士の意見を集約。全国の弁護士会に呼びかけて集めて、「全国の弁護士会に呼びかけて集めた例を参考にして、判決を受け、ひな型の案を固めた。ドイツなどの海外の事例も調べたうえ。全国でも初の法的な存在だ。依頼し、今秋には結果の報告をまとめ、地裁側と協議する予定だという。（滝原悠）

C 大阪地裁2019年判決関連

⑧ 毎日新聞2019（令和元）年5月28日

手錠腰縄入廷
裁判官を批判
大阪地裁判決

刑事裁判で手錠と腰縄を付けたまま入退廷させられ、精神的苦痛を受けたとして、元被告の男性2人が計50万円の国家賠償を求めた訴訟の判決で、大阪地裁（大須賀寛之裁判長）は27日、「被告の正当な利益への配慮を欠いていた」と当時の裁判官の対応を批判した。一方で「違法とまでは言えない」として、賠償請求は棄却した。

判決によると、2人はそれぞれ覚せい剤取締法違反罪に問われ、2017年5月に大阪地裁で実刑判決を受けた。弁護人は公判で、被告の入退廷時に手錠・腰縄姿が傍聴人らから見えないようにする措置を求めたが、裁判官は認めなかった。

判決は「手錠姿を見られたくないというのは、個人の尊厳を定めた憲法13条が認める人格的な利益」と判断。配慮をした事例は複数あるとして、弁護人からの要望後も具体的な方法を検討しなかった裁判官の対応は「相当ではなかった」と指摘した。ただ目的は被告の逃走防止で、多くの裁判所が同様の運用を行っている点も考慮し、「甚だしく不当とは言えない」と結論づけた。

【戸上文恵】

⑨　朝日新聞2019（令和元）年5月28日

手錠・腰縄姿　見られたくない
「法的保護に値する」

大阪地裁　賠償請求は棄却

手錠・腰縄をつけた姿を法廷で傍聴人らにさらされたとして、元被告の男性2人が国に計50万円の損害賠償を求めた訴訟の判決が27日、大阪地裁であった。大須賀寛之裁判長は、その姿を傍聴人らに見られたくないという被告の利益は法的保護に値するとの初判断を示した。一方、2人の請求は棄却した。

判決によると、原告の30代と40代の男性は覚醒剤取締法違反事件の被告だった2016〜17年、公判で入退廷する際、ついたてなどで手錠・腰縄姿を見られない措置を裁判官に申し入れたが、実現しなかった。

判決はまず、手錠・腰縄姿は罪人であるとの印象を与える可能性があり、公衆にさらされれば屈辱感と精神的苦痛を受けるなどと指摘。法廷は不特定多数が傍聴できることをふまえ、被告がその姿を見られたくないという利益と期待は「個人の尊厳」を定めた憲法13条の趣旨に照らし、法的保護に値すると判断した。

その上で、原告2人に対する当時の裁判官の対応について、解錠時期や場所を弁護人と協議しておらず、被告への配慮を欠いて相当ではなかったとした。しかし、逃走防止の観点から多くの裁判所で手錠・腰縄を使用していることなどを挙げ、違法とまではいえないと結論づけた。

原告側弁護団の田中俊弁護士は「画期的な判決だが、それでも違法ではない」というのは釈然としない」として、控訴を検討するとした。法務省は「当方の主張が認められたものと承知している」としている。

（米田優人）

◎おわりに

　弁護士が、擁護すべき基本的人権、社会正義の実現の中で中核的・基軸的価値を有するものの一つは、個人の人格の尊厳の尊重及び確保である。弁護士が、個人の尊厳の確保のために活動することは、憲法13条の法理を究め、確保する活動であるといわなければならない。

　思えば、筆者は1956年司法修習生の時、「検察官室における手錠腰縄の取調べ」論文を発表した。これが刑事訴訟法判例百選の引用文献と、佐伯千仭教授の『活きている刑事訴訟法』（日本評論社、1971年）に収載をみた。次いで、病院廊下に手錠腰縄の姿で連行された国賠訴訟で「憲法13条等による人間の誇り、人間らしく生きる権利」の判決を獲得して最高裁で確定をみた。このような経緯の中で、大阪地裁において手錠腰縄による人身拘束が憲法13条の個人の尊厳の侵害となる判決を得たが、57年の歳月が経過していた。漸く発刊の機会を得たが、57年にわたり私を支えてくれた山下綾子弁護士と、校正等に尽力していただいた大阪共同法律事務所大原怜奈氏に感謝したい。

　なお、4つの国賠訴訟に尽力された弁護団の各氏について感謝を込めて掲記させていただく。（敬称略）
①病院廊下連行国賠訴訟弁護団（人間の誇り、人間らしく生きる権利）
　故中村康彦、秋田眞志、山下潔（第6章参照）
②京都国賠訴訟弁護団
　田中俊、定岡由紀子、正木幸博、青砥洋司、中森俊久、川﨑真陽、大谷智恵、諸橋仁智、西川満喜、山下潔（第13章参照）
③大阪高裁国賠訴訟弁護団

田中俊、定岡由紀子、正木幸博、青砥洋司、中森俊久、川﨑真陽、大谷
智恵、中井雅人、西川満喜、山下潔（第13章参照）

④大阪地裁国賠訴訟弁護団

田中俊、定岡由紀子、正木幸博、青砥洋司、中森俊久、川﨑真陽、大谷
智恵、中井雅人、西川満喜、山下潔（第14章参照）

2024年７月

山下　潔

【著者の実務経験一覧】

1. 最高裁八海事件（死刑被告破棄自判無罪）（常任弁護人）　1966年〜1970年
2. イタイイタイ病公害裁判（富山）常任弁護士　　　　　　　1968年〜1971年
3. 熊本第1次水俣裁判（立証の企画・検証）　　　　　　　　1970年〜1974年
4. スモン薬害裁判（金沢、大阪、京都（常任弁護士）福岡、東京、静岡地裁）
　　　　　　　　　　　　　　　　　　　　　　　　　　　　1972年〜1976年
5. オウム被害者全国裁判（人身保護、サティアンの仮差押・破産申立など。弁護団代表　弁護士約300名）　　　　　　　　　　　　　1990年〜1998年
6. 住友生命既婚女性昇格賃金差別事件（団長）大阪高裁和解 1995年〜2001年
7. 大江山中国人強制連行国賠訴訟（副団長）　　　　　　　　1998年〜2007年
8. メルボルン事件（日本人5名VSオーストラリア政府、ジュネーブ国際人権規約委員会個人通報申立 団長）　　　　　　　　　　　1996年〜2010年
9. シドニー事件（日本人陪審裁判無罪評決）（団長）　　　　　　　　2002年
10. ブエノスアイレス事件（日本人無罪判決）（団長）　　　　　　　2009年
11. 固定資産税国賠訴訟（団長）　　　　　　　　　　　　　1995年〜2001年
12. 登記手数料国賠訴訟（団長）　　　　　　　　　　　　　2005年〜2009年
13. ナイジェリア人再審事件（大阪高裁破棄差戻）（団長）　　　　　2012年
14. 法廷手錠腰縄国賠訴訟　大阪地裁・京都地裁（団長）　　 2016年〜2019年
15. 森永乳業砒素ミルク中毒事件訴訟　　　　　　　　　　　 2021年〜現在
16. 国内における7件無罪判決（うち国選事件4件含む）
17. 日本におけるリーディングケース
　　①法人の訴訟救助　京都地裁
　　②家庭裁判所少年の社会記録の閲覧許可　大阪高裁
　　③満12歳までマインドコントロールで意思能力なし（オウム真理教保護請求事件）　大阪地裁
18. 弁護士会関係
　　①大阪弁護士会副会長　　　　　　　　　　　　　　　　　　　　1983年

②日本弁護士連合会常務理事　　　　　　　　　　1983年、2000年

　　③日本弁護士連合会人権擁護委員会委員長　　　　　　　　1981年

　　④大阪弁護士会国際人権規約選択議定書推進協議会（座長）

　　　　　　　　　　　　　　　　　　　　　　　　1997年～2020年[*1]

19.　事務所

　　①大阪共同法律事務所（代表）　　　　　　　　　1971年～現在

　　②大阪共同法律事務所20周年記念シンポジウム（アメリカ・カリフォルニ

　　　ア最高裁判官や弁護士、イギリス・ロンドン大学教授等の参加）　1991年[*2]

　　③国境なき刑事弁護団（代表）　　　　　　　　　2015年～現在

20.　著書関係

　　①『国際人権法』日本評論社　　　　　　　　　　　　　2014年

　　②『人間の尊厳の確保と司法』日本評論社　　　　　　　2016年

　　③『手錠腰縄による人身拘束』日本評論社　　　　　　　2017年

21.　立命館大学法学部、大学院講師（非常勤）

　　　　　　　　　　　　　1981年～2002年、2002年～2003年

　＊1　1997年フランス、ストラスブール、ヨーロッパ人権裁判所調査により協議会発足
　　　（23年間にわたり安藤仁介京都大学教授指導）

　＊2　宮澤節生＝山下潔編『国際人権法・英米刑事手続法』晃洋書房、1991年刊

◎著者プロフィール

山下潔（やました・きよし）

1932年、富山県生まれ。弁護士（大阪弁護士会）。司法研修所第18期修了。大阪弁護士会国際人権規約選択議定書批准推進協議会座長、日弁連人権擁護委員会委員長などを歴任。元立命館大学法学部・大学院法学研究科講師。詳しい経歴や担当裁判などは、「著者の実務経験一覧」（本書210頁）を参照。

主な著作に、『人権擁護三〇年——人間の尊厳と司法』（日本評論社、1997年）、『メルボルン事件個人通報の記録——国際自由権規約第一選択議定書に基づく申立』（現代人文社、2012年）、『手錠腰縄による人身拘束——人間の尊厳の確保の視点から』（日本評論社、2017年）、などがある。

手錠腰縄による被疑者・被告人の拘束
人権保障の視点から考える

2024年9月5日　第1版第1刷発行

著　者…………山下　潔
発行人…………成澤壽信
発行所…………株式会社現代人文社
　　　　　　　〒160-0004　東京都新宿区四谷2-10八ッ橋ビル7階
　　　　　　　振替　00130-3-52366
　　　　　　　電話　03-5379-0307（代表）
　　　　　　　FAX　03-5379-5388
　　　　　　　E-Mail　henshu@genjin.jp（代表）／hanbai@genjin.jp（販売）
　　　　　　　Web　http://www.genjin.jp
発売所…………株式会社大学図書
印刷所…………株式会社ミツワ
装　幀…………加藤英一郎

検印省略　PRINTED IN JAPAN
ISBN978-4-87798-868-5　C3032
© 2024 Yamashita Kiyoshi

JPCA
日本出版著作権協会
http://www.jpca.jp.net/

本書は日本出版著作権協会（JPCA）が委託管理する著作物です。複写（コピー）・複製、その他著作物の利用については、事前に日本出版著作権協会（電話03-3812-9424、e-mail:info@jpca.jp.net）の許諾を得てください。